ピーチからの　しんちゃくメッセージ

キラピチ星へ　ようこそ！

わたしは　ピーチ、よろしくね。
ここ　キラピチ星の　みんなは、
オシャレに　なれる　まほうが　つかえるの！

でも、その　まほうを　じょうずに　つかう　ためには、
「オシャレまほう学校」で　たくさんの　ポイントを
あつめなければ　いけなくて・・・

まいにち　がんばって　いるけれど、
今日は　うっかり　ねぼうしちゃった！
たんにんの　レモン先生に　おこられちゃうよ～！

みんな！　この　ドリルで　わたしの　オシャレを　てつだって！

とうじょうじんぶつ

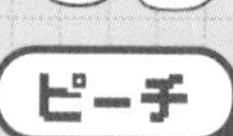

キラピチ星に　すむ
あかるくて　げんきな　女の子。
かわいい　ふくが　すき。

かんきち

ピーチの　あいぼう。
すきな　たべものは
すこんぶ。

キララ

ピーチの　ともだち。
おとなしくて　まじめ。
せいそな　ふくが　すき。

レモン先生

ピーチと　キララの
たんにんの　先生。
おこると　こわい。

もくじ

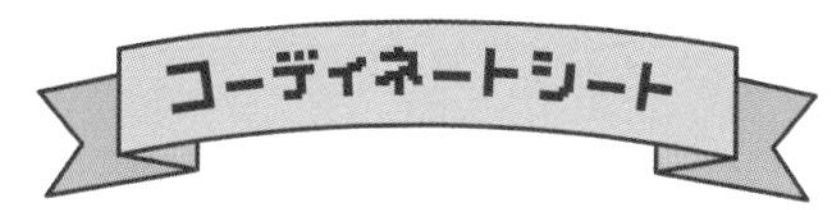

▶ 自分も、まわりも、元気に しちゃお！

ビタミン☆ポップステージ

今日の　1時間目は、ポップな　ファッションが　テーマだよ。まわりの　人を　元気に　できるような、明るい　コーデに　したいね。ねぼうして　かみの毛は　ボサボサだけど、かわいく　へんしん　できるかな？

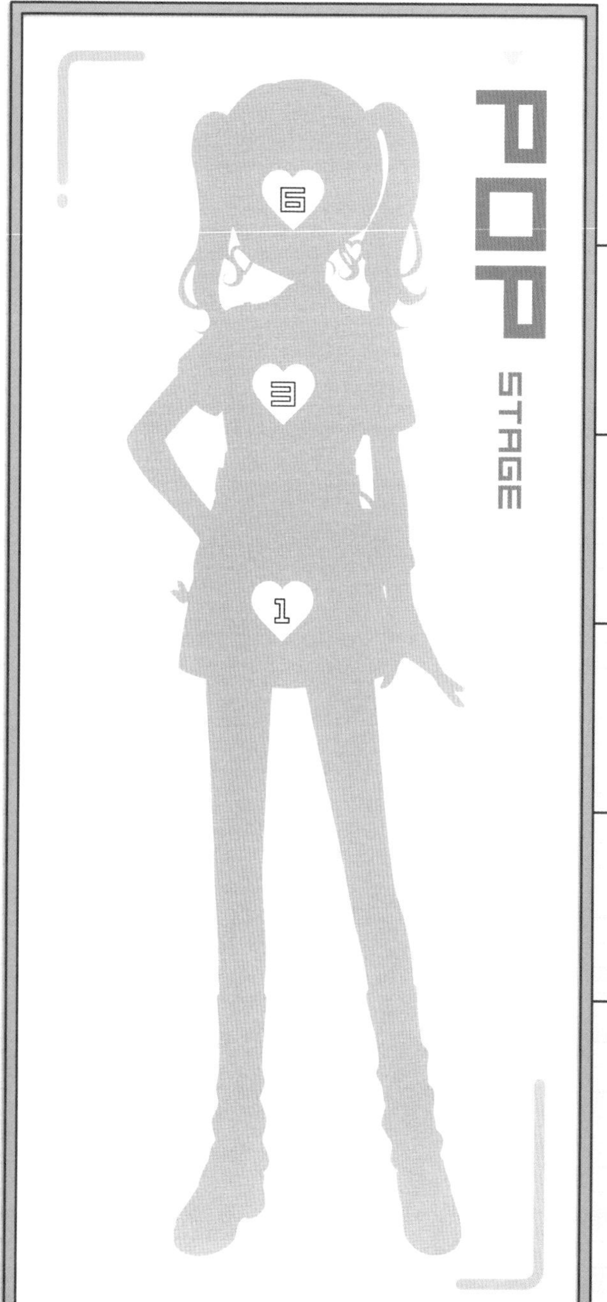

ポイントアイテム

トップス
メロンメッシュポロシャツ
そでが　メッシュに　なって　いる　ポロシャツだよ。

ボトムス
ピンクプレッピースカート
こしの　ベルトが　アクセントの　チェックスカートだよ♡

シューズ
LOVE ベルトスニーカー
ルーズソックスを　合わせるのが　ポイント☆

バッグ
オーロラミニショルダー
オーロラみたいに　光る　きじの　ポシェットだよ。

ヘア
おてんばハイ☆ツイン
高い　いちで　むすんだ　ツインテールだよ。

▲えに　シールを　はって、コーディネートを　かんせいさせよう！

COLOR LEVEL：

ITEM LEVEL：

KAWAII LEVEL：

480ポイント！

レモン先生

ぱきっとした　みどり色の　トップスに、プレッピースカートを　合わせて　いて、とっても　オシャレね。足元は　ルーズソックスで　くずして　いるのも　かわいいわ。

ピーチ

レモン先生、ありがとうございます！

キララ

ピーチ、おつかれさま。つぎは、花がらの　ふくを　つかった　コーデが　かだいみたい。どんな　ふくが　いいかなあ？

ピーチ

楽しみだね。いっしょに　考えよ♪

つぎのステージへつづく ▸▸

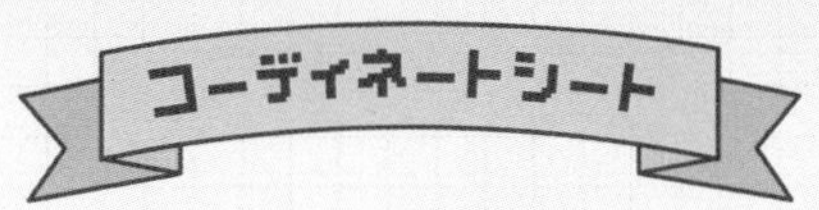

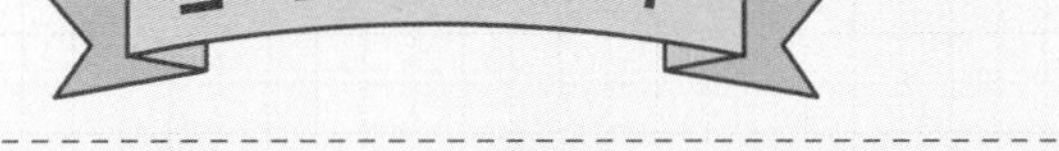

キュート♡フラワーステージ

2時間目は、花がらの　アイテムを　とりいれた　ファッションが　テーマだよ。はなやかな　ふんいきと　せいそな　ふんいき、りょうほう　出せると　いいね。かわいい　アイテムを　そろえて、キュートに　きめてね！

ポイントアイテム

トップス

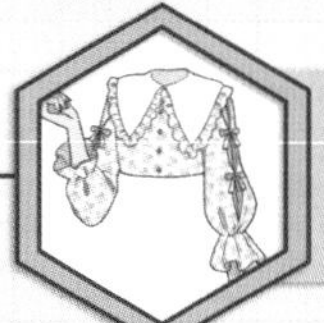

ゆるひらフラワーブラウス

大きな　三角の　えりと　花がらフリルが　かわいい♡

ボトムス

フェミニンフレアミニ

高い　いちで　はく、ふわっと　した　ミニスカートだよ。

シューズ

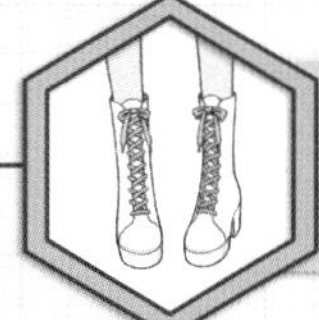

あみあげいちごみるく

ピンク色の　ひもを　合わせた　ショートブーツ☆

バッグ

ロゴベルトトート

もち手に　ロゴが　ならんだ　トートバッグだよ。

ヘア

ハートあみこみツイン

ハートに　見える　あみこみが　ポイントだよ♡

花がらの ふくって、
かわいいね！

▲えに　シールを　はって、コーディネートを　かんせいさせよう！

COLOR LEVEL :
♥♥♥♥

ITEM LEVEL :
♥♥♥♥

KAWAII LEVEL :
♥♥♥♥♥

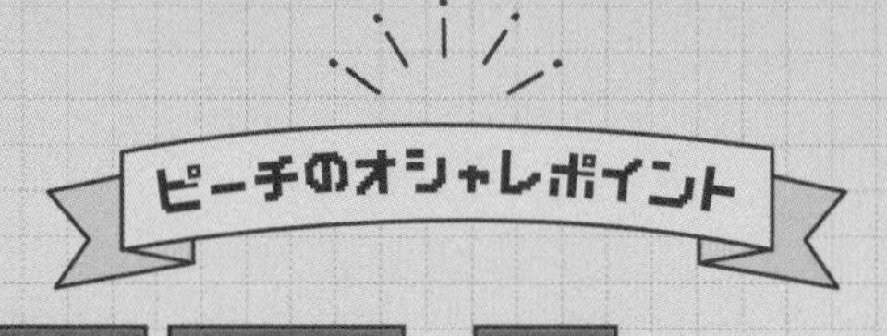

570ポイント!

レモン先生

大きい　三角の　えりや、そでが　ひらいた　すずしげな　トップスが　こせいてきね。ぜんたいてきに、ピンクと　茶色で　そろっていて、かわいらしい　いんしょうよ。

キララ

ピーチの　かみがた、とっても　かわいい！　ベレーぼうも　オシャレだね♪

かんきち

ピーチ、つぎは　スポーティーコーデだよ！　ぼくも　いっしょに　うんどうしたいな～。

ピーチ

わかった！　うごきやすさ　じゅうしだね☆

つぎのステージへつづく ▸▸

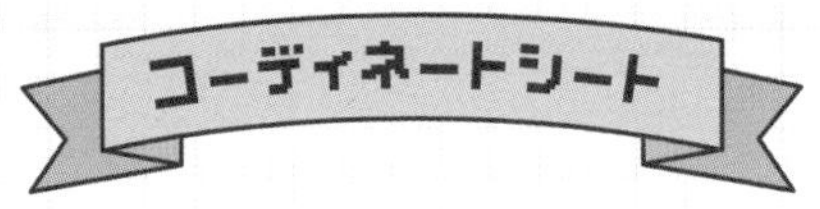

▶ うごきやすさ NO.1 ！　めざせ みんなの ヒーロー

アクティブスポカジステージ

3時間目は、スポーツが　できそうな、うごきやすい　ファッションが　テーマだよ。元気で　アクティブな　いんしょうを　あたえられたら　グッド☆　カラーの　バランスにも　気を　つけよう！

ポイントアイテム

トップス

げんきっ子☆フーディー

むねに　ロゴが　入って　いる　フーディーだよ。

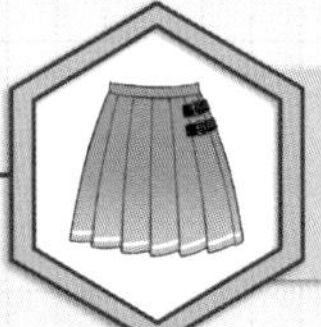

ボトムス

グレープネオンプリーツ

あざやかな　むらさき色の　プリーツスカート☆

シューズ

オーロラベルトスポサン

きみどり色の　ルーズソックスと　あいしょう　ばつぐん♪

バッグ

カジュアル♪ワンショルダー

キーホルダーや　かんバッジで　デコった　バッグ☆

ヘア

ゆるふわポンパ

まえがみを　上げて　ふわっと　まとめた　ヘア。

さわやかな コーデ、
楽しみだね！

▲えに　シールを　はって、コーディネートを　かんせいさせよう！

COLOR LEVEL :
♥♥♥♥

ITEM LEVEL :
♥♥♥♥♥

KAWAII LEVEL :
♥♥♥♥♥

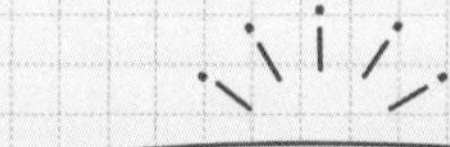

ピーチのオシャレポイント

680ポイント!

レモン先生

あざやかな　色の　くみ合わせが　かわいいわね。フーディも　コーデに　ぴったり！　ヘアアレンジや　バッグの　デコレーション、元気な　ふんいきが　つたわって　ステキよ♪

ピーチ

うれしい！　ありがとうございます♡

かんきち

ぼくの　キーホルダーと　かんバッジも、つけて　くれて　ありがとう♪　つぎは、大人っぽコーデだよ！

ピーチ

へえ～。大人っぽコーデって　どんな　かんじかなあ？

つぎのステージへつづく ▶▶

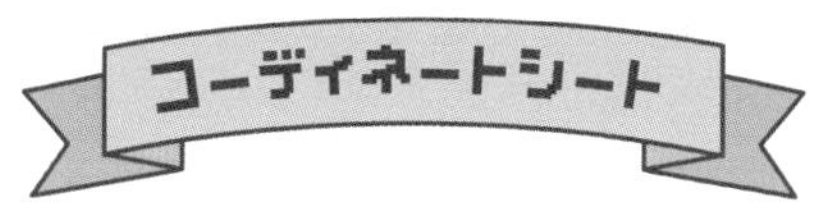

▶ シンプルオシャレで お姉さん気分♡

おすまし♪大人っぽステージ

4時間目は、大人の　人も　きられそうな、シンプルオシャレな　ファッションが　テーマだよ。大人っぽい　そざいや　シルエットを　えらぶのが　ポイント。カラーも、ぜんたいてきに　おとなしめに　まとめてね！

▲えに　シールを　はって、コーディネートを　かんせいさせよう！

ポイントアイテム

ドレス
ふんわりツイードワンピ
ツイードそざいの　セットアップワンピースだよ。

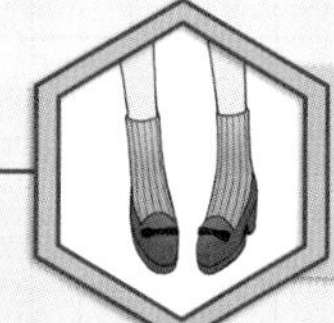

シューズ
大人っぽビターローファー
茶色で　まとめた　大人っぽい　シューズだよ。

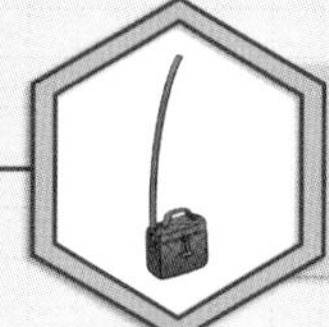

バッグ
チョコバニティバッグ
上を　ぱかっと　あける　タイプの　ミニバッグだよ♡

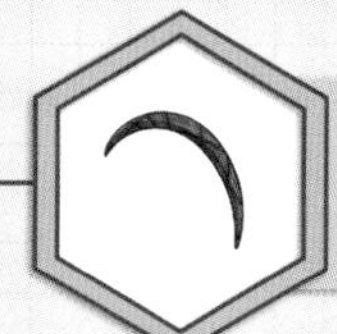

アクセサリー
ココアチェックカチューシャ
ココア色の　チェックがらが　とっても　かわいいね♪

ヘア
あまかわサイドみつあみ
サイドに　みつあみを　して　リボンを　つけたよ。

お姉さんに
なれるかな？

COLOR LEVEL :
♥♥♥♥♥
ITEM LEVEL :
♥♥♥♥♥
KAWAII LEVEL :
♥♥♥♥♥

ピーチのオシャレポイント

730ポイント！

レモン先生
セットアップの　ワンピースが　かわいいわね。ツイードの　そざいも　大人(おとな)っぽくて　ステキよ。足元(あしもと)や　カチューシャで、かわいらしさも　出せて　いて　いい　かんじ！

ピーチ
ありがとうございます！ 大人っぽいふく、えらぶの　むずかしかったなあ…。

レモン先生
だいじょうぶ、自(じ)しんを　もって。さあ！ さいごは、ゆかたコーデよ。今(いま)から　夏(なつ)まつりに　行(い)くわよ♪

ピーチ
え〜！　今から〜！？

つぎのステージへつづく ▶▶

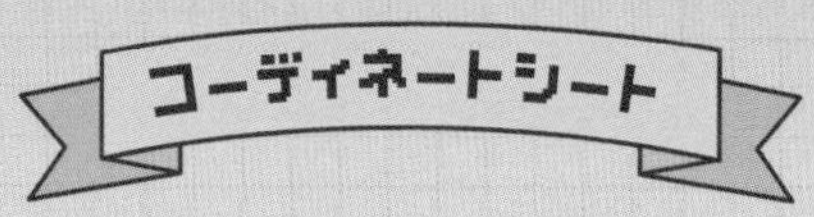

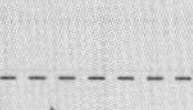

▶ ステキな ゆかたで、しせんを ひとりじめ♪

夏をまんきつ！ゆかたステージ

5時間目は、夏まつり♪　ゆかたを　つかった　ファッションが　テーマだよ。ゆかたの　がらの　色で、小ものの　色を　まとめてね。おびひもや　かみかざりも　こだわって、夏まつりで　目立っちゃおう☆

ポイントアイテム

ドレス

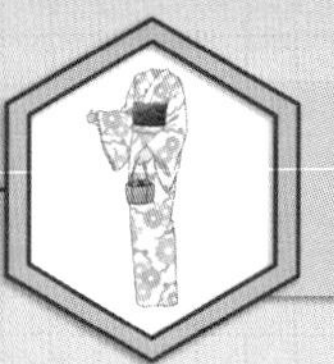

もも色和がらのいろどりゆかた

大きな　お花がらの　ゆかたに、べに色の　おびを　プラス♡

シューズ

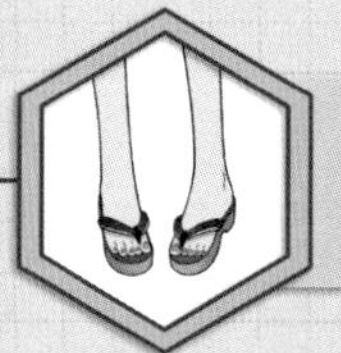

あかね色のげた

あかね色の　はなおが　かわいい、シンプルな　げただよ。

アクセサリー

つまみざいくのかみかざり

もも色の　はなやかな　お花の　かみかざりだよ。

ヘア

大人っぽゆるおだんご

サイドで　ひくめに、ゆるっと　まとめた　おだんごだよ。

▲えに　シールを　はって、コーディネートを　かんせいさせよう！

COLOR LEVEL：
♥♥♥♥♥

ITEM LEVEL：
♥♥♥♥♥

KAWAII LEVEL：
♥♥♥♥♥♥

840ポイント！

レモン先生

ピーチらしい、はなやかで　かわいらしい　ゆかたを　えらんだわね♪　小ものも　赤色（あかいろ）で　まとまって　いて、とっても　かわいいわ。ヘアアレンジは　大人（おとな）っぽくて、ゆかたに　ぴったりね。

キララ

ピーチ、ここまで　おつかれさま！ ピーチのオシャレポイントは、ぜんぶで　3300ポイントだって☆

わあ！　うれしい！　かんきち、今回（こんかい）も　ありがとう♡

かんきち

うん！ これからも　りっぱな　オシャレマスターを　めざして　いこうね！

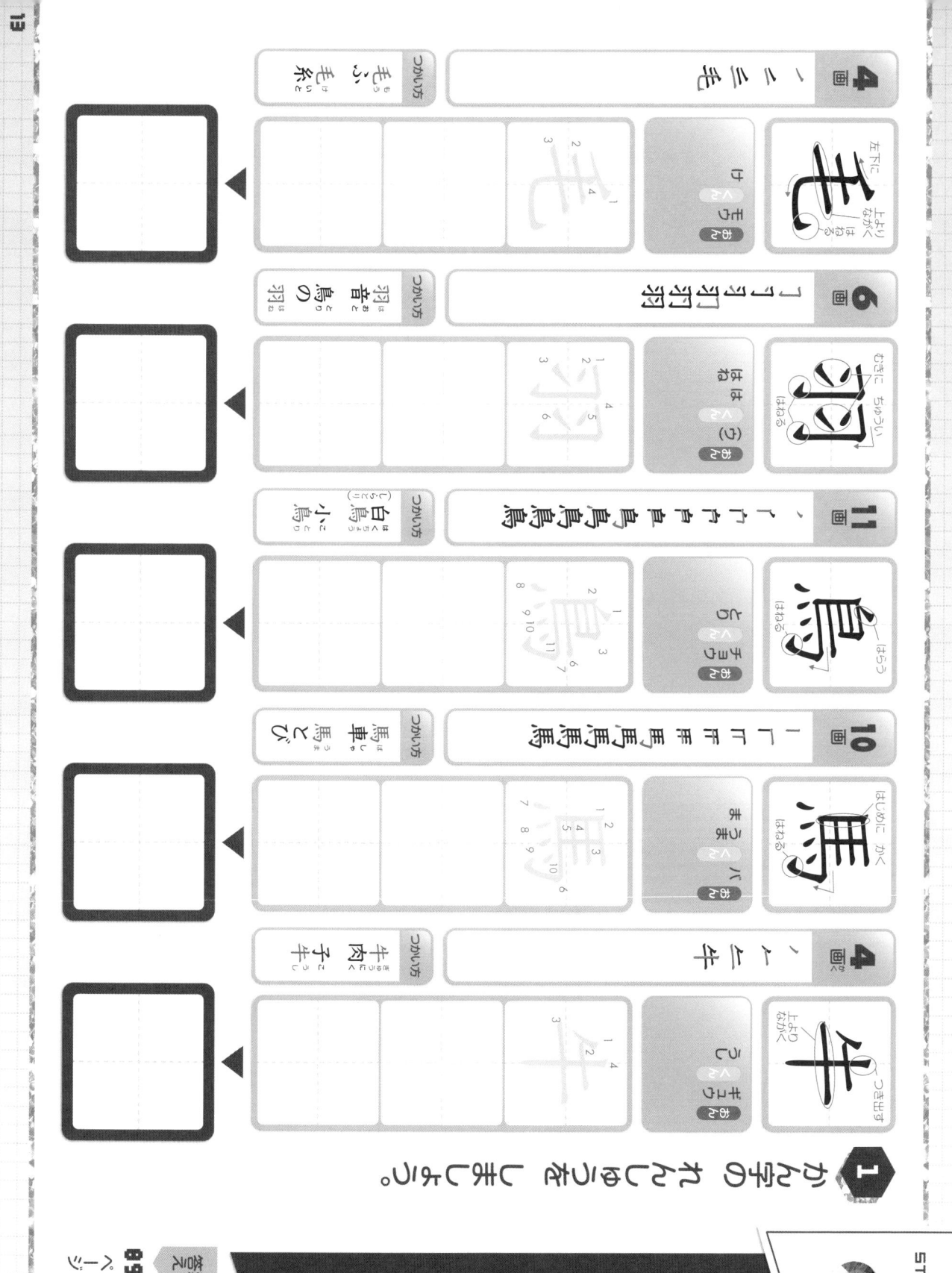

牛・馬・鳥・羽・毛

月　日

答え 89ページ

1 かん字の れんしゅうを しましょう。

牛
つき出す／上より ながく
おん：ギュウ　くん：うし
4画：ノ 𠂉 𠂉 牛
つかい方：牛肉（ぎゅうにく）　子牛（こうし）

馬
はじめに かく／はねる
おん：バ　くん：うま・ま
10画：丨 厂 F 𫝀 馬 馬 馬 馬 馬 馬
つかい方：馬車（ばしゃ）　馬とび（うまとび）

鳥
はらう／はねる
おん：チョウ　くん：とり
11画：ノ 𠂆 户 户 户 自 鳥 鳥 鳥 鳥 鳥
つかい方：白鳥（はくちょう）（しらとり）　小鳥（ことり）

羽
むきに ちゅうい／はねる
おん：（ウ）　くん：は・はね
6画：丁 ㇆ 习 羽 羽 羽
つかい方：羽音（はおと）　鳥の羽（とりのはね）

毛
左下に／上より ながく／はねる
おん：モウ　くん：け
4画：ノ 二 三 毛
つかい方：毛ふ（もうふ）　毛糸（けいと）

2 ――線(せん)の かん字の 読(よ)みがなを 書(か)きましょう。

① 牛にゅう（　　　）　② 馬車（　　　）

③ 白鳥（　　　）　④ 毛ふ（　　　）

3 □に 当(あ)てはまる かん字を 書きましょう。

① □□(こうし)が 生まれる。

② ぼく場(じょう)で、□(うま)に のる。

③ □□(ことり)の □(はね)。

④ かみの □(け)を むすぶ。

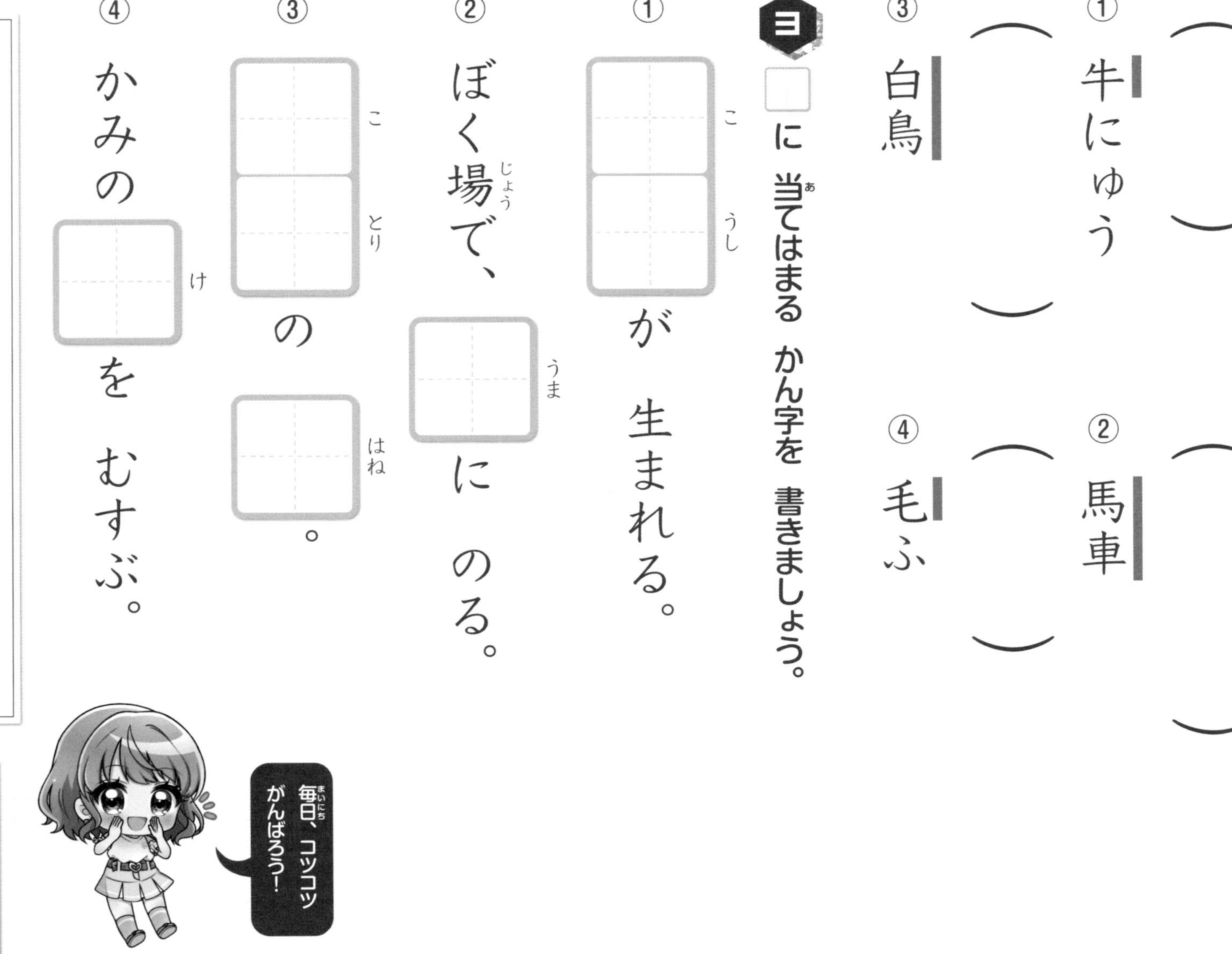

おしゃれの まめちしき

▶元気(げんき)で 明(あか)るい ポップコーデには、カラフルな 色(いろ)の ふくを えらぼう！

答(こた)え合(あ)わせを したら 1 の シールを はろう！

頭・顔・首・父・母

月　日

答え 89ページ

1 かん字の れんしゅうを しましょう。

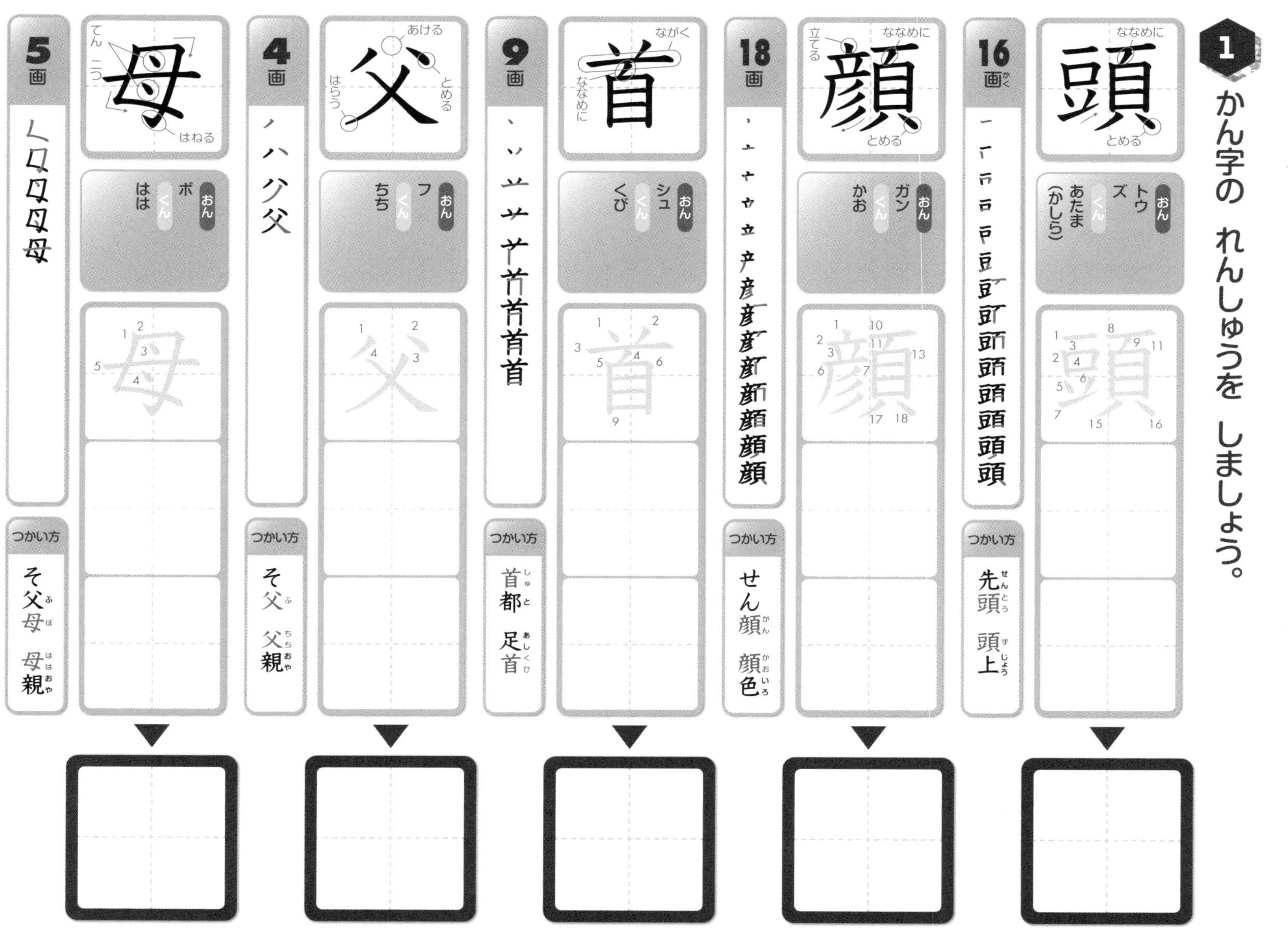

二　線の　かん字の　読みがなを　書きましょう。

①　先頭（　　）

②　せん頭（　　）

③　首都と（　　）

★首都…国の　中心と　なる　町。

④　そ父母（　　）

三　□に　当てはまる　かん字を　書きましょう。

①　犬の　□（あたま）を　なでる。

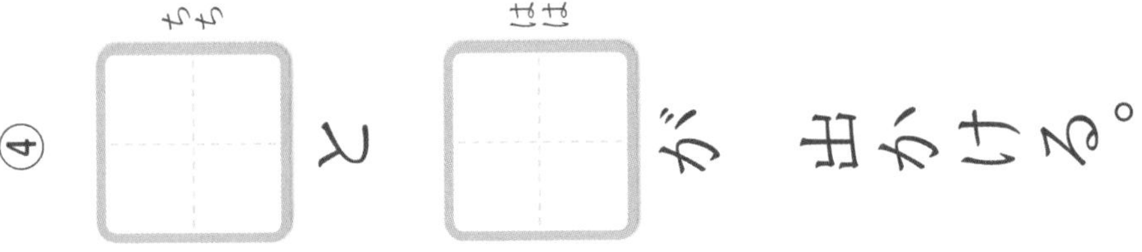

②　かがみで　□（かお）を　見る。

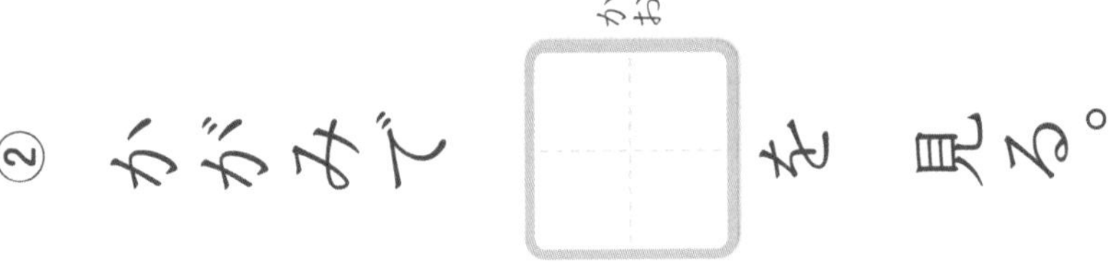

③　□（くび）かざりを　作る。

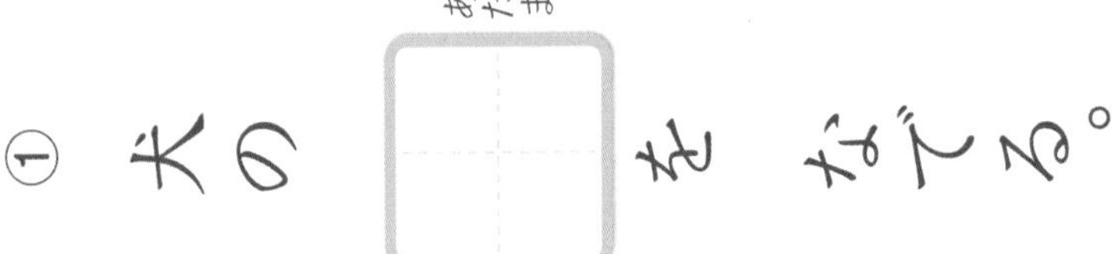

④　□（ちち）と　□（はは）が　出かける。

おしゃれの　まめちしき

▼かわで　できた、くつひもが　ない　くつの　ことを、ローファーと　いうよ。

答え合わせを　したら　二の　シールを　はろう！

親・兄・姉・弟・妹

月　日

答え 89ページ

1 かん字の れんしゅうを しましょう。

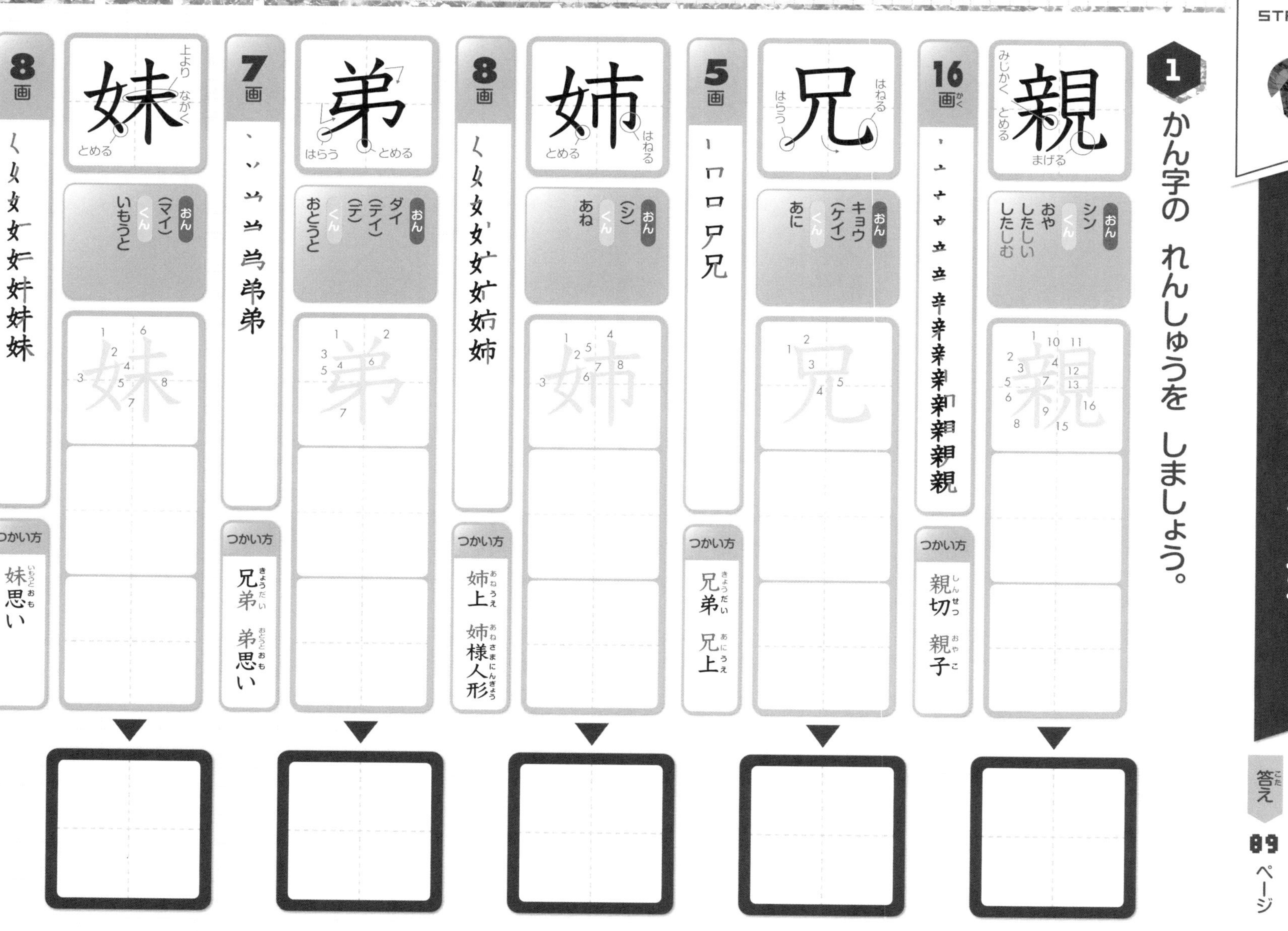

親（16画）
- おん：シン
- くん：おや、したしい、したしむ
- つかい方：親切（しんせつ）、親子（おやこ）

兄（5画）
- おん：キョウ、（ケイ）
- くん：あに
- つかい方：兄弟（きょうだい）、兄上（あにうえ）

姉（8画）
- おん：（シ）
- くん：あね
- つかい方：姉上（あねうえ）、姉様人形（あねさまにんぎょう）

弟（7画）
- おん：ダイ、（テイ）、（デ）
- くん：おとうと
- つかい方：兄弟（きょうだい）、弟思い（おとうとおもい）

妹（8画）
- おん：（マイ）
- くん：いもうと
- つかい方：妹思い（いもうとおもい）

2 ━線の かん字の 読みがなを 書きましょう。

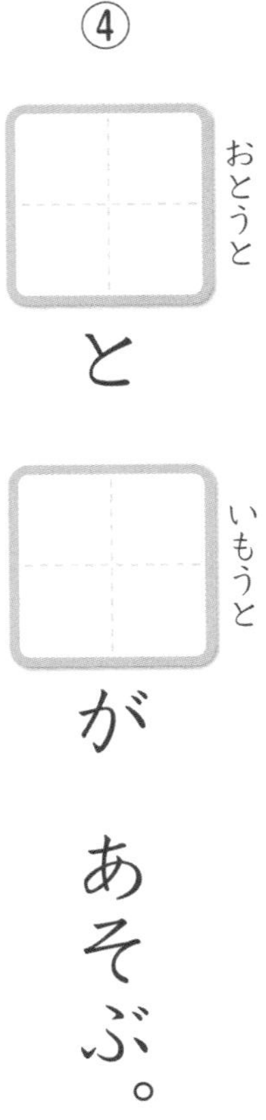

① 親切な 人。（　　）（　　）

② 姉様人形（　　）（　　）

③ 兄弟げんか

④ 妹思い

★姉様人形…紙や ぬので 作った 花よめすがたの 人形。

3 □に 当てはまる かん字を 書きましょう。

① ねこの □□（おやこ） が ねむる。

② □（した）しい 友だちに 手紙を 書く。

③ □（あに） と □（あね） は 三さいちがいだ。

④ □（おとうと） と □（いもうと） が あそぶ。

おしゃれの まめちしき

▼ツインテール（二つむすび）は、耳より 上の 高さで むすぶのが ポイント！

答え合わせを したら 3 の シールを はろう！

米・麦・肉・魚・茶

答え 89ページ

月　日

1 かん字の　れんしゅうを　しましょう。

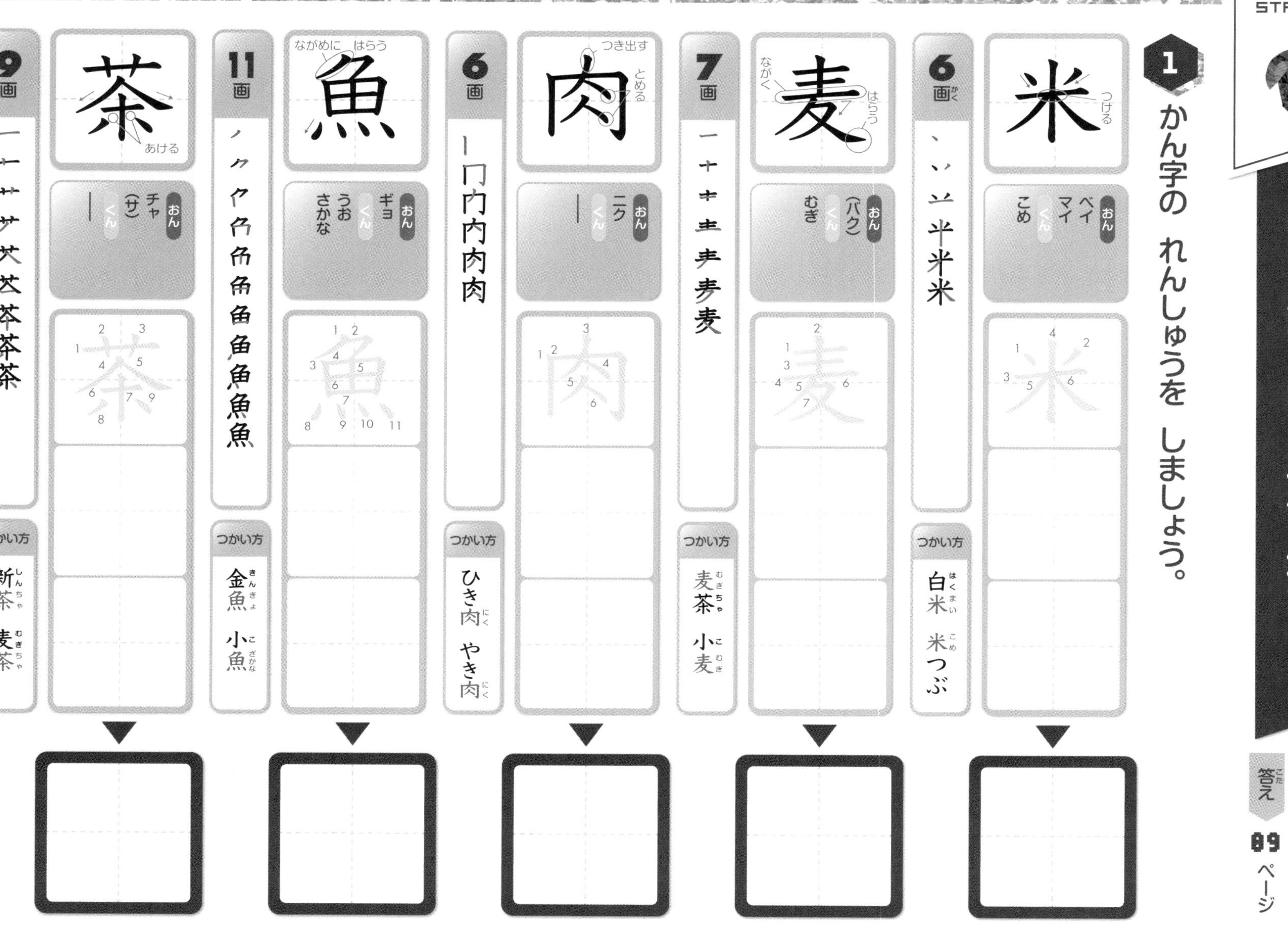

2 ＿線のかん字の読みがなを書きましょう。

① 白米（　　　）　② 麦茶（　　　）

③ ひき肉（　　　）　④ 金魚（　　　）

3 □に当てはまるかん字を書きましょう。

① □（こめ）をといでおく。

② □□（こむぎ）こと□（にく）を買う。

③ □（さかな）の形をしたポーチをえらぶ。

④ 新□（しんちゃ）をあじわう。

おしゃれのまめちしき

▼ チェックがらのスカートは、プレッピーなファッションにおすすめのアイテム♡

答え合わせをしたら 4 のシールをはろう！

船・汽・電・自・鳴

月　日

答え 89ページ

1 かん字の れんしゅうを しましょう。

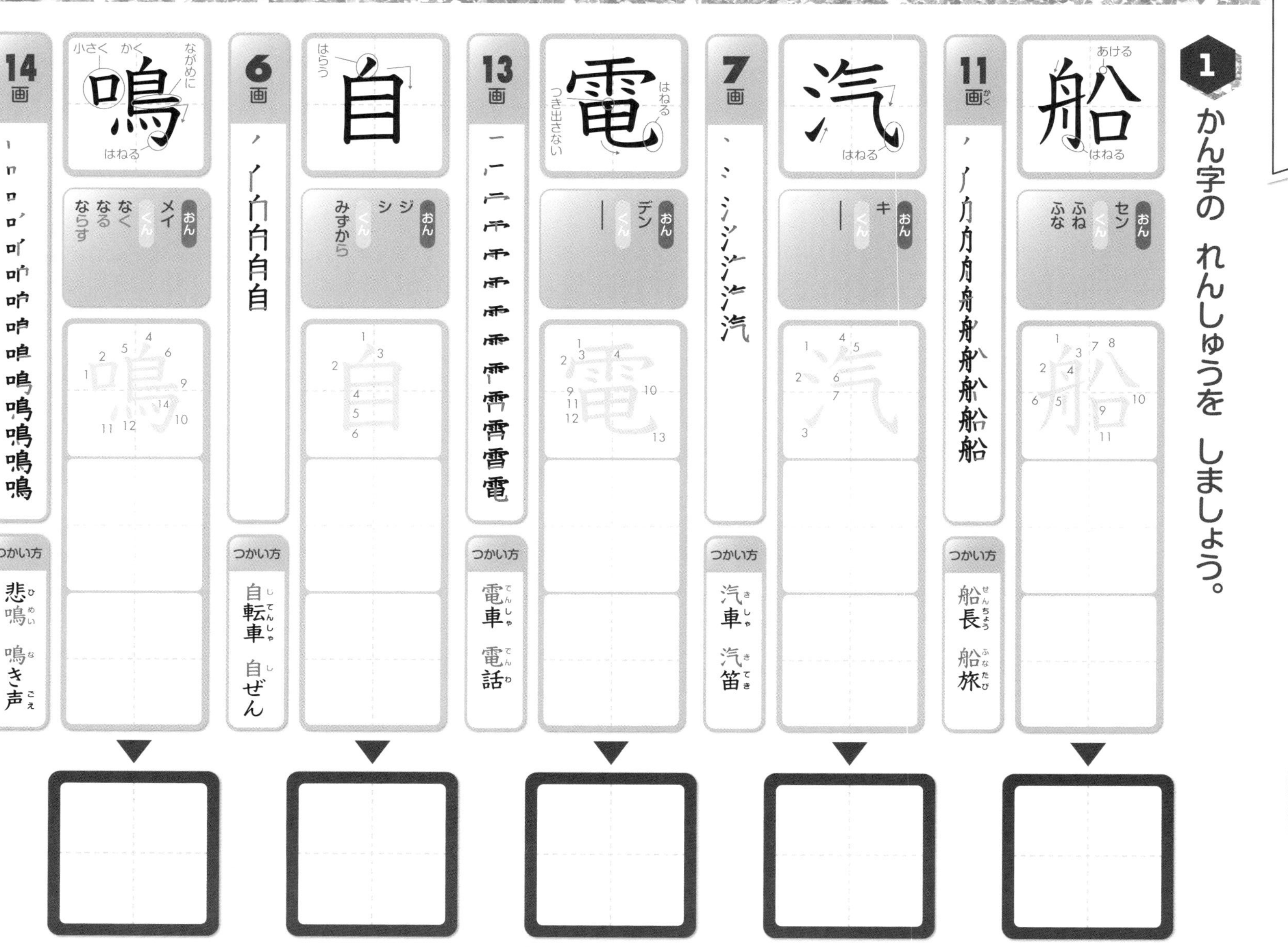

かん字	画数	おん	くん	書きじゅん	つかい方
船	11画	セン	ふね・ふな	ノ 丿 介 介 舟 舟 舟 舟 舩 船 船	船長（せんちょう）　船旅（ふなたび）
汽	7画	キ	―	丶 丷 氵 氵 汽 汽 汽	汽車（きしゃ）　汽笛（きてき）
電	13画	デン	―	一 厂 戸 币 币 币 币 雨 雨 雨 雪 雷 電	電車（でんしゃ）　電話（でんわ）
自	6画	ジ・シ	みずから	ノ 亻 白 白 自 自	自転車（じてんしゃ）　自ぜん（しぜん）
鳴	14画	メイ	なく・なる・ならす	丨 口 口 口 叩 叩 叩 叩 叩 呜 鳴 鳴 鳴 鳴	悲鳴（ひめい）　鳴き声（なきごえ）

2 ━線(せん)の かん字の 読(よ)みがなを 書(か)きましょう。

① ━船長(ちょう)━ （　　）

② ━汽車━ （　　）

③ ━自転車(てんしゃ)━ （　　）

④ ━悲(ひ)鳴━ （　　）

★悲鳴…こわさや おどろきの ために 出る さけび声(ごえ)。

3 □に 当(あ)てはまる かん字を 書きましょう。

① みなとに □(ふね)が つく。

② □(き)笛(てき)が □(な)る。

③ □□(でんしゃ)に のる。

④ □(し)ぜんに 親(した)しむ。

おしゃれの まめちしき

▼ メッシュとは、あなが たくさん あいて いる 生地(きじ)の ことだよ。

答(こた)え合(あ)わせを したら 5 の シールを はろう！

家・公・園・交・番

答え 90ページ

月　日

1 かん字の れんしゅうを しましょう。

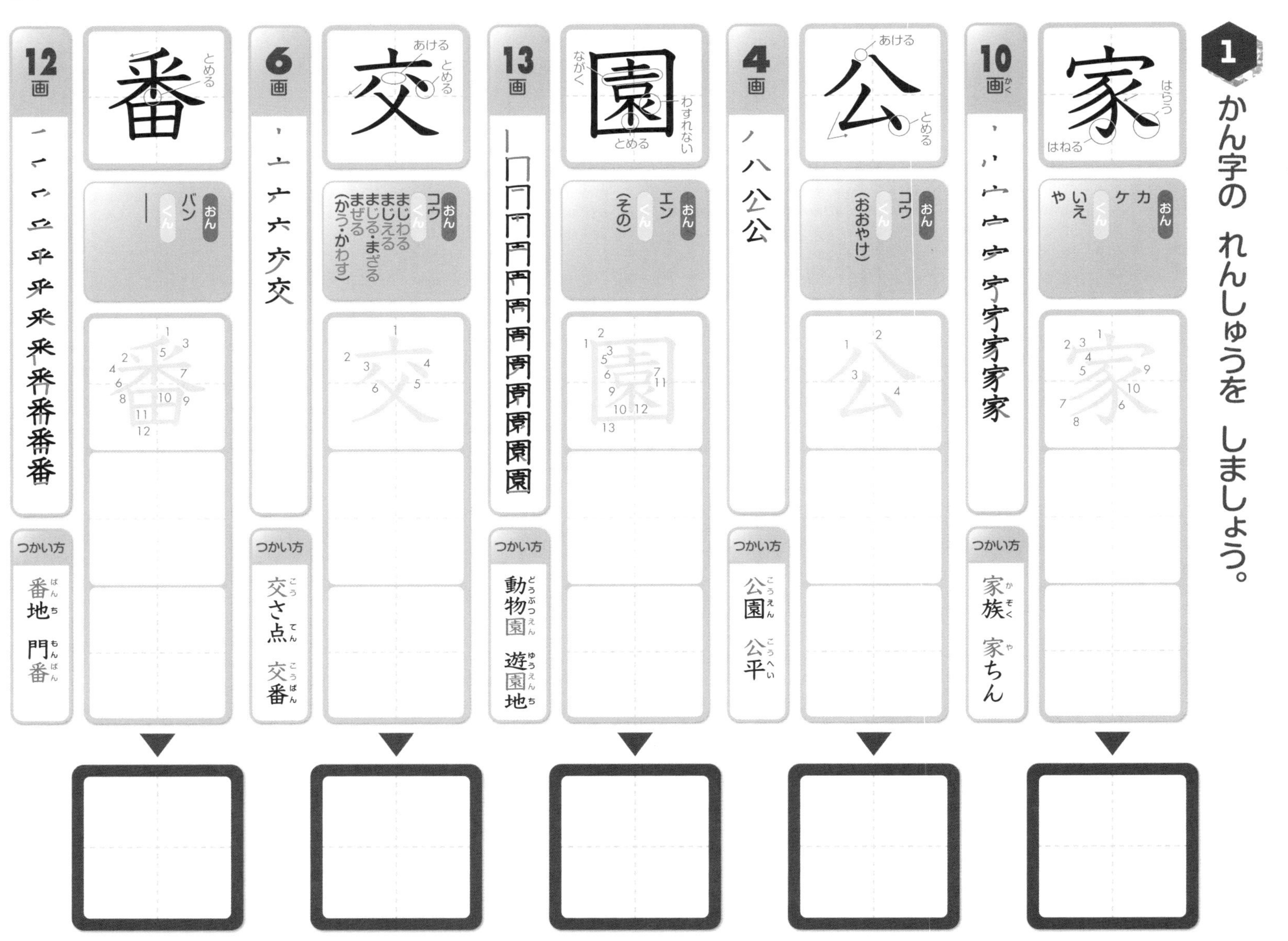

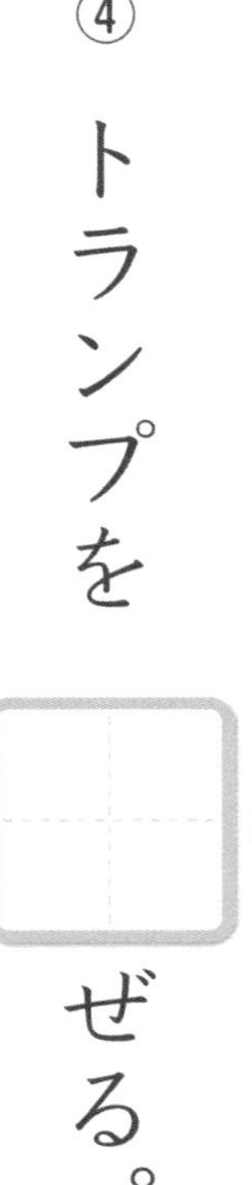

２ ━線の かん字の 読みがなを 書きましょう。

① 家ちん（　　　）
★家ちん…いえを かりる ために はらう お金。

② 公園（　　　）

③ 交さ点（　　　）

④ 番地（　　　）

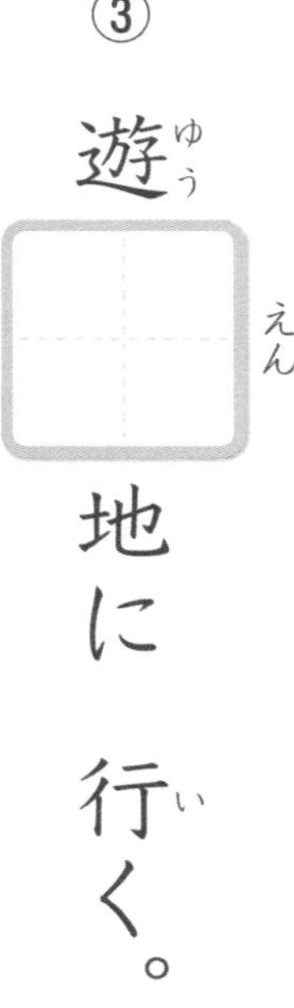

３ □に 当てはまる かん字を 書きましょう。

① まっすぐ □（いえ）に 帰る。

② ケーキを □（こう）平に 分ける。
★こう平…一方に かたよらない こと。

③ 遊 □（えん）地に 行く。

④ トランプを □（ま）ぜる。

おしゃれの まめちしき
▼オーロラバッグは、見る 角度に よって、色が かわる バッグの こと！

答え合わせを したら ６の シールを はろう！

かん字の ふくしゅう①

月　日

答え 90ページ

1 ――線の かん字の 読みがなを 書きましょう。

①（　　）（　　）
牛肉を 食べる。

②（　　）（　　）
頭上を 見る。

③（　　）（　　）
首を かしげる。

④（　　）（　　）
羽音が 聞こえる。

⑤（　　）（　　）
親子で 話す。

⑥（　　）（　　）
船旅を 楽しむ。

2 ――線の かん字の 読みがなを 書きましょう。

①（　　）
せん顔石けん
（　　）
顔色が いい。

②（　　）
羊毛の セーター。
（　　）
毛糸の ぼうし。

3 □に 当(あ)てはまる かん字を 書(か)きましょう。

① □(あね)と □(はは)が 出かける。

② おかしを □(おとうと)と □(いもうと)に 分(わ)ける。

③ □(ちち)が □(さかな)の フライを 作(つく)る。

④ □(か)族(ぞく)で □□(こうえん)へ 行(い)く。

4 ―線(せん)の 言葉(ことば)を、かん字と ひらがなで 書きましょう。

① みずから ごみを ひろう。（　　）

★みずから…じぶんで。じぶんから。

② 三本の 道(みち)が まじわる。（　　）

③ ベルを ならす。（　　）

おしゃれの まめちしき

ゆるゆるの くつ下の ルーズソックスは、みじかい スカートに 合(あ)わせよう♡

答(こた)え合(あ)わせを したら 🐾の シールを はろう！

寺・道・店・市・場

月　日

答え 90ページ

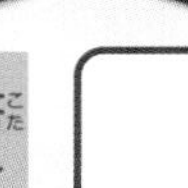

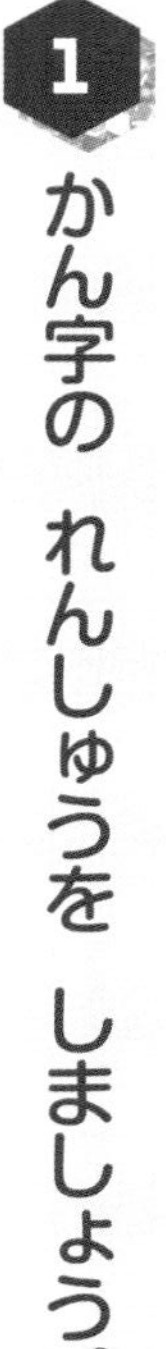

1 かん字の　れんしゅうを　しましょう。

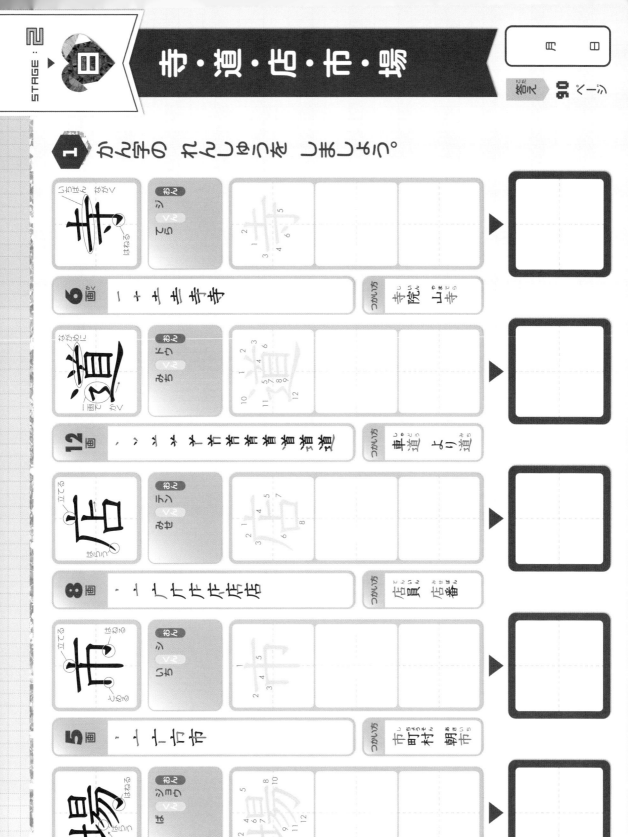

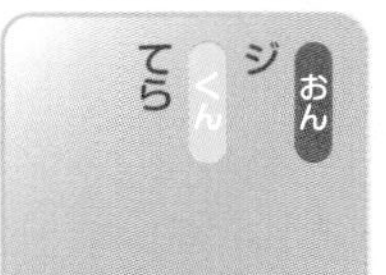

6画　一 十 土 圭 寺 寺

つかい方　寺院（じいん）　山寺（やまでら）

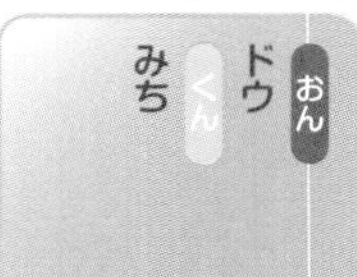

12画　丶 丷 丷 䒑 䒑 首 首 首 首 首 道 道

つかい方　車道（しゃどう）　より道（みち）

8画　丶 亠 广 广 庁 庁 店 店

つかい方　店員（てんいん）　店番（みせばん）

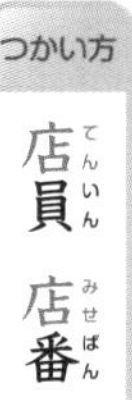

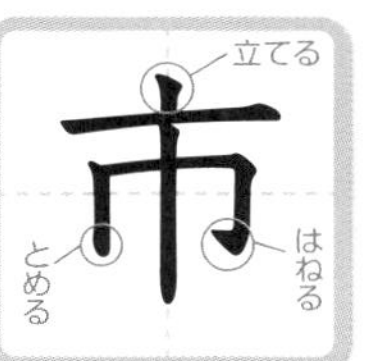

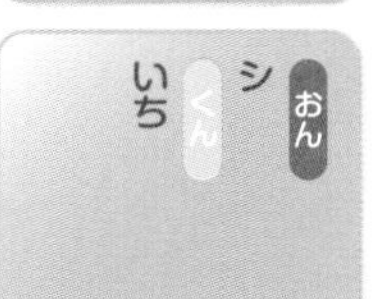

5画　丶 亠 亠 亣 市

つかい方　市町村（しちょうそん）　朝市（あさいち）

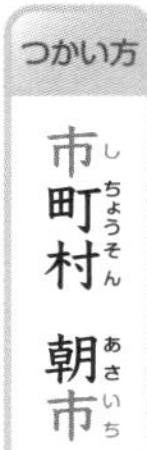

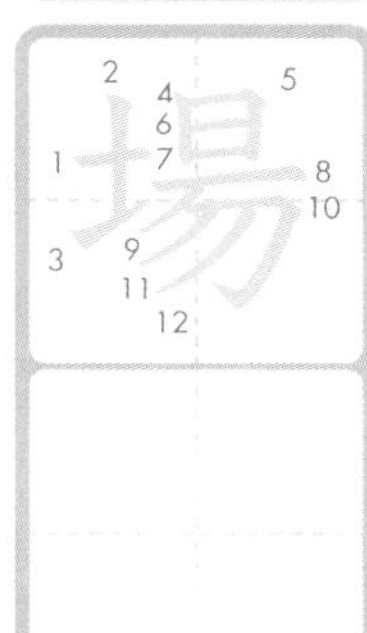

12画　一 十 土 圠 圸 坦 坦 坦 埸 埸 場 場

つかい方　会場（かいじょう）　場所（ばしょ）

2 ――線の かん字の 読みがなを 書きましょう。

① 寺院（　　）
★寺院…（大きな）てら。

② 車道（　　）

③ 店員（　　）

④ 市町村（　　）

3 □に 当てはまる かん字を 書きましょう。

① □□（やまでら）に おまいりを する。

② □（みせ）までの □（みち）を たしかめる。

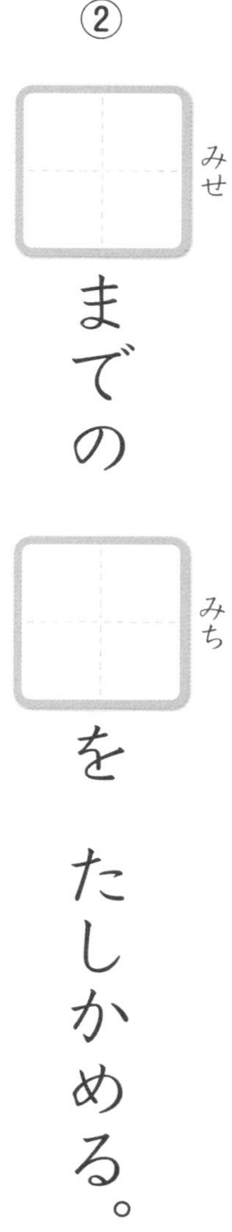

③ 朝□（あさいち）で 野さいを 買う。
★朝いち…朝に ひらく いちば。

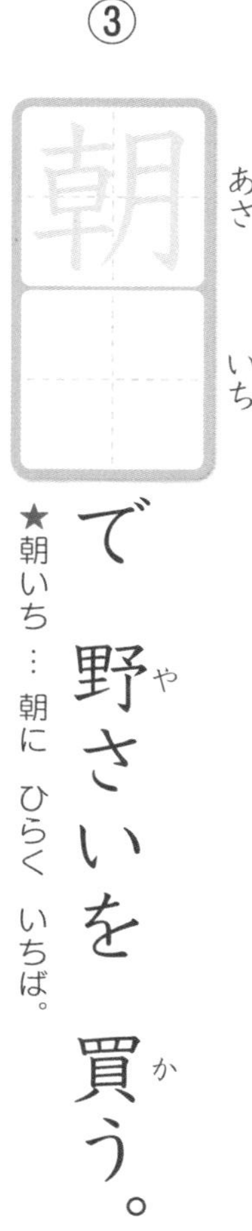

④ まち合わせの □（ば）所に つく。

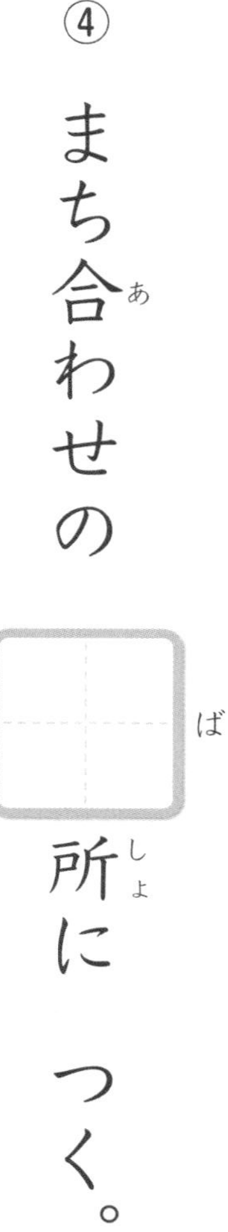

おしゃれの まめちしき
▶ブーツは、形に よって キュートにも クールにも なるよ！

答え合わせを したら 日の シールを はろう！

9 室・里・京・門・戸

月　日

答え 90ページ

1 かん字の　れんしゅうを　しましょう。

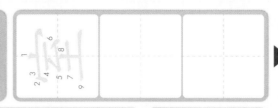

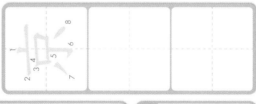

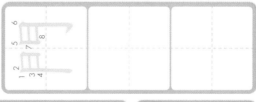

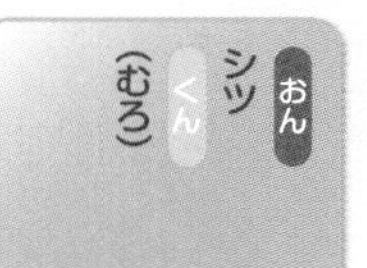

9画　丶 丶 宀 宀 宀 宏 室 室 室

つかい方　室内（しつない）　理科室（りかしつ）

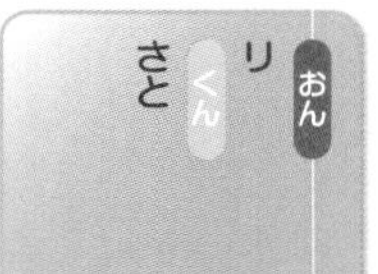

7画　丨 冂 日 日 甲 甲 里

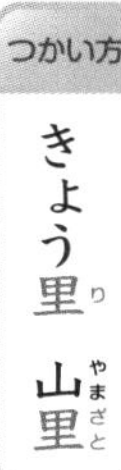

つかい方　きょう里（り）　山里（やまざと）

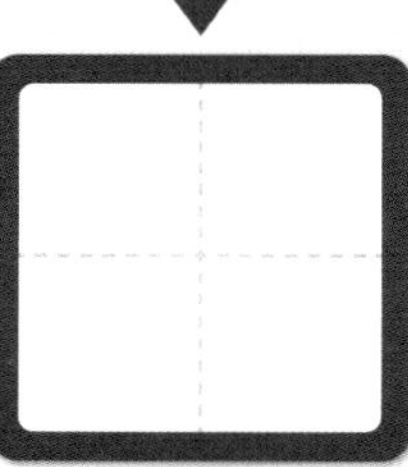

8画　丶 亠 亠 古 古 亨 京 京

つかい方　京都（きょうと）　東京（とうきょう）

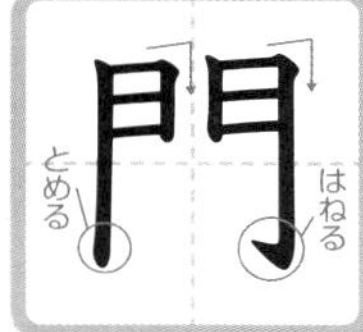

8画　丨 ℩ 戸 戸 門 門 門 門

つかい方　校門（こうもん）　正門（せいもん）

4画　一 ラ ョ 戸

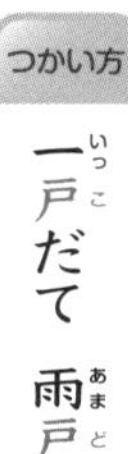

つかい方　一戸（いっこ）だて　雨戸（あまど）

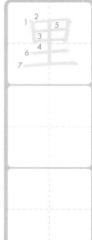

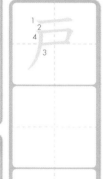

2 ▬線の かん字の 読みがなを 書きましょう。

① 理科室（　　）

② きょう里（　　）
★きょう里…ふるさと

③ 京都（　　）

④ 一戸だて（　　）
★一戸だて…一けんで たって いる 家。

3 □に 当てはまる かん字を 書きましょう。

① □□（しつ ない）で あそぶ。

② □□（やま ざと）の くらし。

③ 学校の □□（せい もん）から 入る。

④ 家の □（と）じまりを する。
★とじまり…もんや 戸に かぎを かける こと。

場所の かん字を たくさん おぼえたね。

▼トップスの すそを、ボトムスの 中に しまうと、足が 長く 見えるよ！

答え合わせを したら 9の シールを はろう！

東・西・南・北・方

月　日

答え 90ページ

1 かん字の れんしゅうを しましょう。

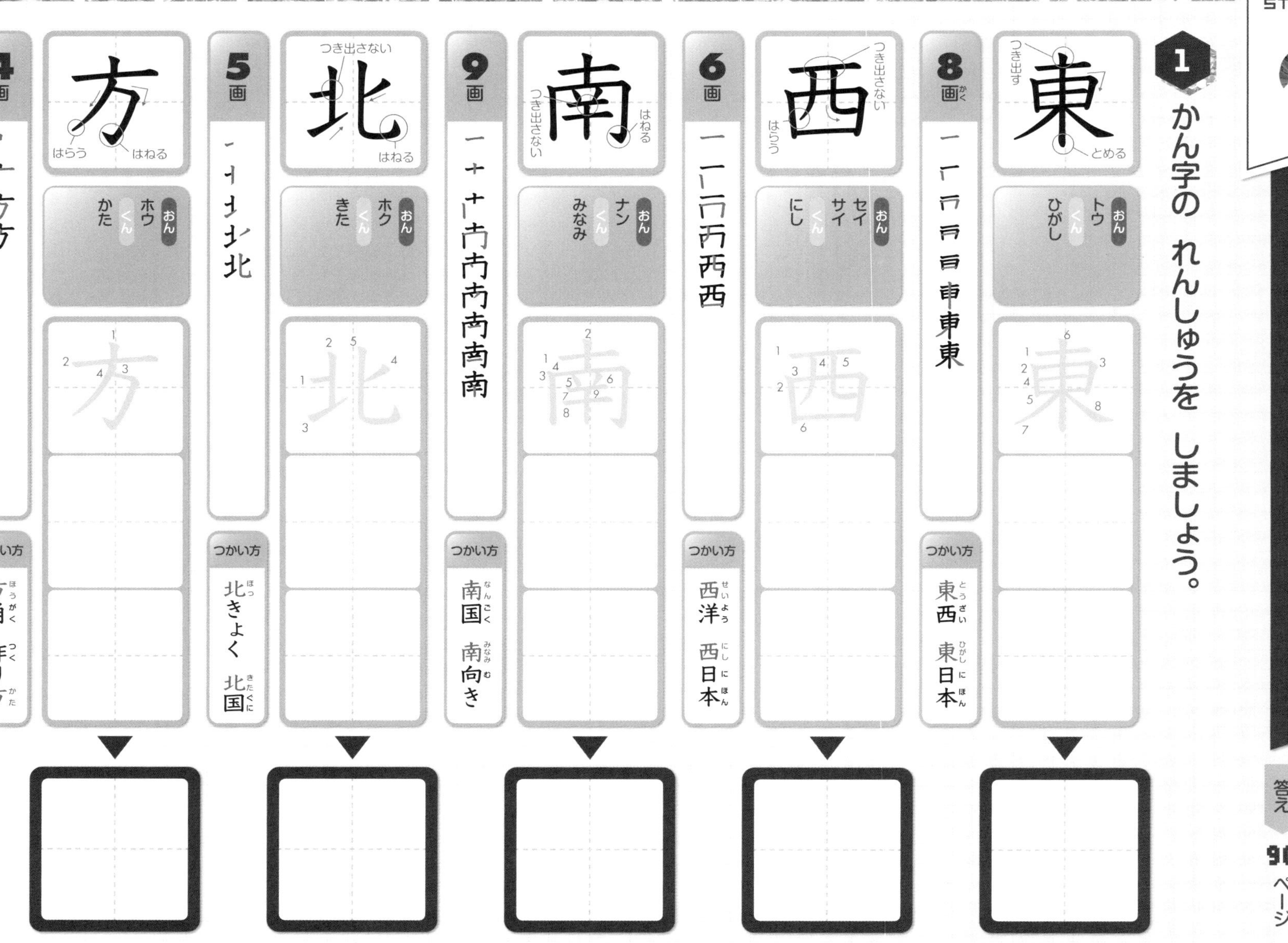

東（つき出す・とめる）
おん　トウ
くん　ひがし
8画　一 厂 冖 戸 百 亘 車 東
つかい方　東西（とうざい）　東日本（ひがしにほん）

西（つき出さない・はらう）
おん　セイ　サイ
くん　にし
6画　一 厂 冂 丙 襾 西
つかい方　西洋（せいよう）　西日本（にしにほん）

南（つき出さない・はねる）
おん　ナン
くん　みなみ
9画　一 十 𠂉 冂 冇 内 卣 南 南
つかい方　南国（なんごく）　南向き（みなみむき）

北（つき出さない・はねる）
おん　ホク
くん　きた
5画　丨 丬 丬 北 北
つかい方　北きょく（ほっきょく）　北国（きたぐに）

方（はらう・はねる）
おん　ホウ
くん　かた
4画　丶 亠 亏 方
つかい方　方角（ほうがく）　作り方（つくりかた）

2 ━線(せん)の かん字の 読(よ)みがなを 書(か)きましょう。

① ━東日本━ （　　）（　　）

② ━西━洋(よう) （　　）

★西洋…日本から 見て、アメリカや ヨーロッパの 国(くに)の こと。

③ 南━国(ごく)━ （　　）

④ ━北━きょく （　　）

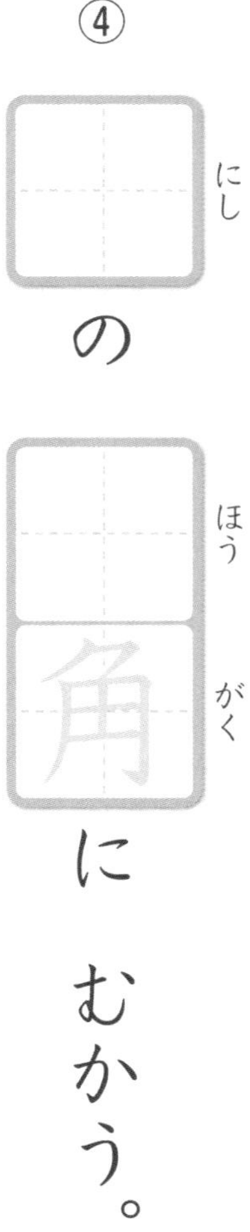

3 □に 当(あ)てはまる かん字を 書きましょう。

① □□(とうざい)に のびる 道(みち)。

② □(みなみ)向(む)きの へや。

③ □国(きたぐに)に 雪(ゆき)が ふる。

④ □(にし)の □角(ほうがく)に むかう。

おしゃれの まめちしき

▼大きな えりの、ビッグカラーブラウスは、ガーリーファッションに おすすめだよ♡

答(こた)え合(あ)わせを したら 10 の シールを はろう！

11 地・海・原・野・黄

月　日

答え 91ページ

1 かん字の　れんしゅうを　しましょう。

地（ながめに　はねる）
おん：チ　ジ
くん：―
6画：一 十 土 扐 坩 地
つかい方：地球（ちきゅう）　地面（じめん）

海（とめる　はねる）
おん：カイ
くん：うみ
9画：丶 冫 氵 氵 氵 汇 江 海 海
つかい方：海水（かいすい）　海がめ（うみがめ）

原（はらう　はねる　とめる）
おん：ゲン
くん：はら
10画：一 厂 厂 厂 厅 厉 盾 原 原 原
つかい方：高原（こうげん）　原っぱ（はらっぱ）

野（わすれない　はねる）
おん：ヤ
くん：の
11画：丨 冂 日 日 甲 甲 里 里 野 野 野
つかい方：野草（やそう）　野原（のはら）

黄（上より　ながく　つき出す　とめる）
おん：オウ（コウ）
くん：き（こ）
11画：一 十 艹 业 丗 芇 带 苗 黄 黄 黄
つかい方：黄土色（おうどいろ）　黄色（きいろ）

2 ━線(せん)の かん字の 読(よ)みがなを 書(か)きましょう。

① 地球(きゅう)（　　）

② 海水（　　）

③ 高原(こう)（　　）

④ 黄土色(いろ)（　　）

3 □に 当(あ)てはまる かん字を 書きましょう。

① ありが □(じ)面(めん)を 歩(ある)いて いる。

② 夏休(なつやす)みに □(うみ)へ 行(い)く。

③ □□(のはら)で □□(やそう)を つむ。

★やそう…のはらに 生える くさの こと。

④ □□(きいろ)い 花が さく。

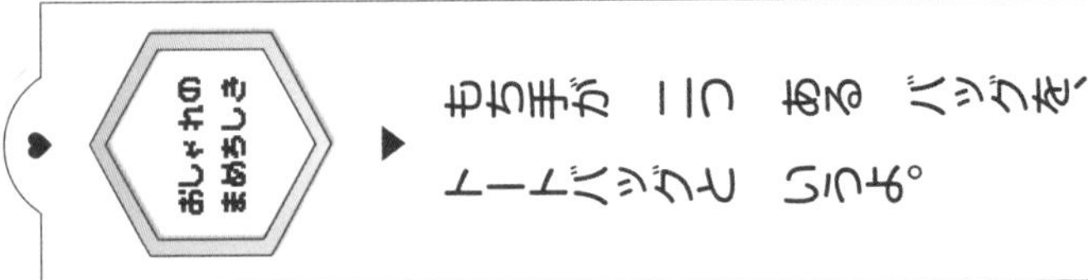

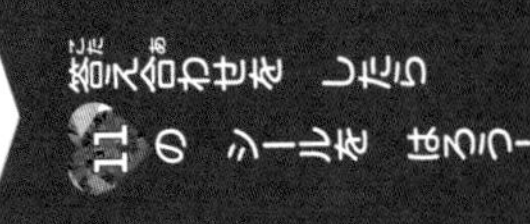

STAGE：2 12

池・谷・岩・星・黒

答え 91ページ

月　日

1 かん字の れんしゅうを しましょう。

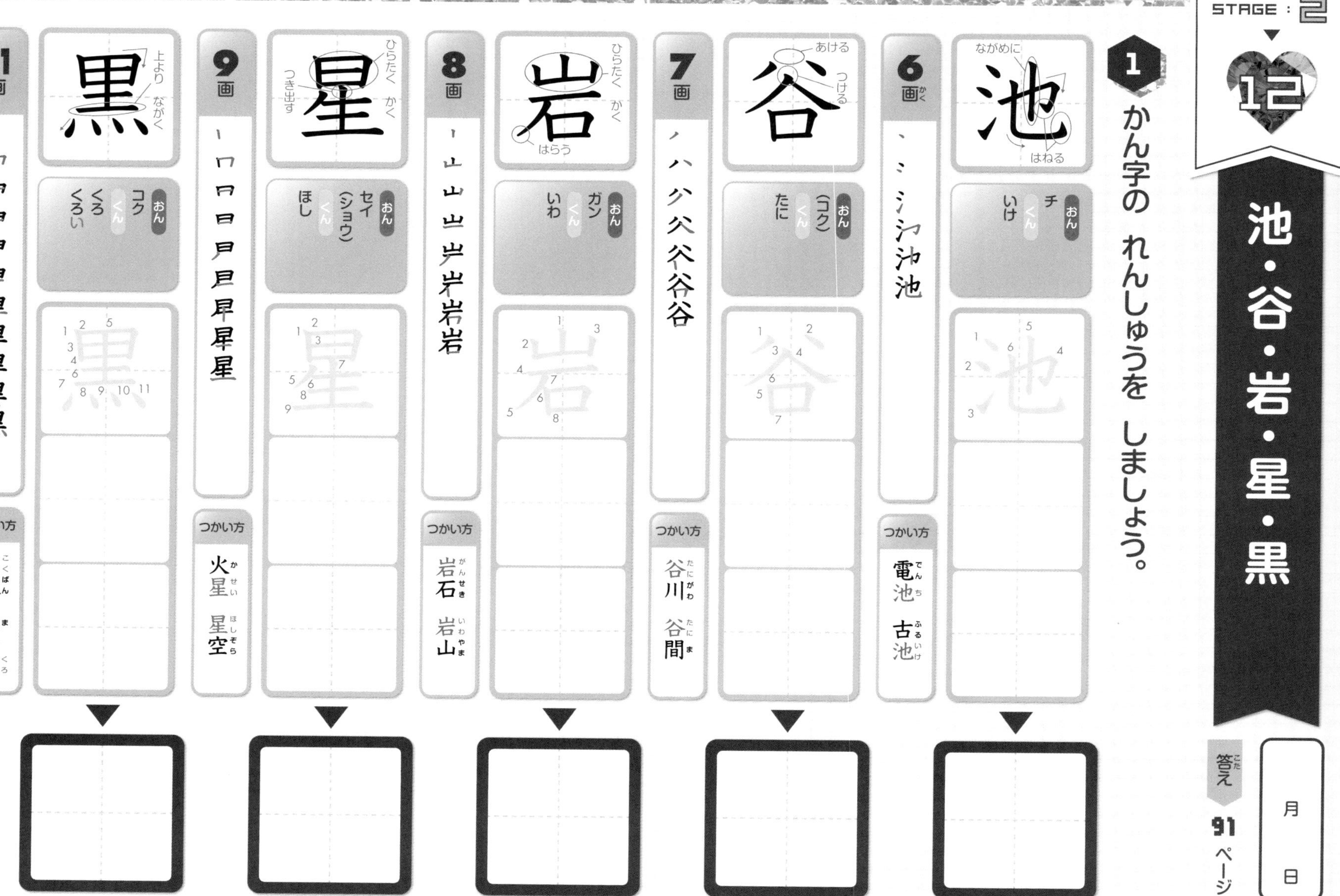

池 6画
- おん：チ
- くん：いけ
- ながめに／はねる
- つかい方：電池（でんち）　古池（ふるいけ）

谷 7画
- おん：(コク)
- くん：たに
- あける／つける
- つかい方：谷川（たにがわ）　谷間（たにま）

岩 8画
- おん：ガン
- くん：いわ
- ひらたく　かく／はらう
- つかい方：岩石（がんせき）　岩山（いわやま）

星 9画
- おん：セイ (ショウ)
- くん：ほし
- ひらたく　かく／つき出す
- つかい方：火星（かせい）　星空（ほしぞら）

黒 11画
- おん：コク
- くん：くろ　くろい
- 上より　ながく
- つかい方：黒板（こくばん）　真っ黒（まっくろ）

2 ——線の かん字の 読みがなを 書きましょう。

① 電池（　　　）

② 谷間（　　　）

③ 岩石（　　　）

④ 火星（　　　）

3 □に 当てはまる かん字を 書きましょう。

① □（いけ）で ボートに のる。

② □（いわ）の かげで 休む。

③ □□（ほしぞら）を ながめる。

④ □（くろ）い ワンピースを きる。

▼ 三つあみヘアには アレンジが いっぱい！
今日から れんしゅうして みよう★

答え合わせを したら
12の シールを はろう！

晴・雲・雪・風・台

月　日

答え 91ページ

1 かん字の れんしゅうを しましょう。

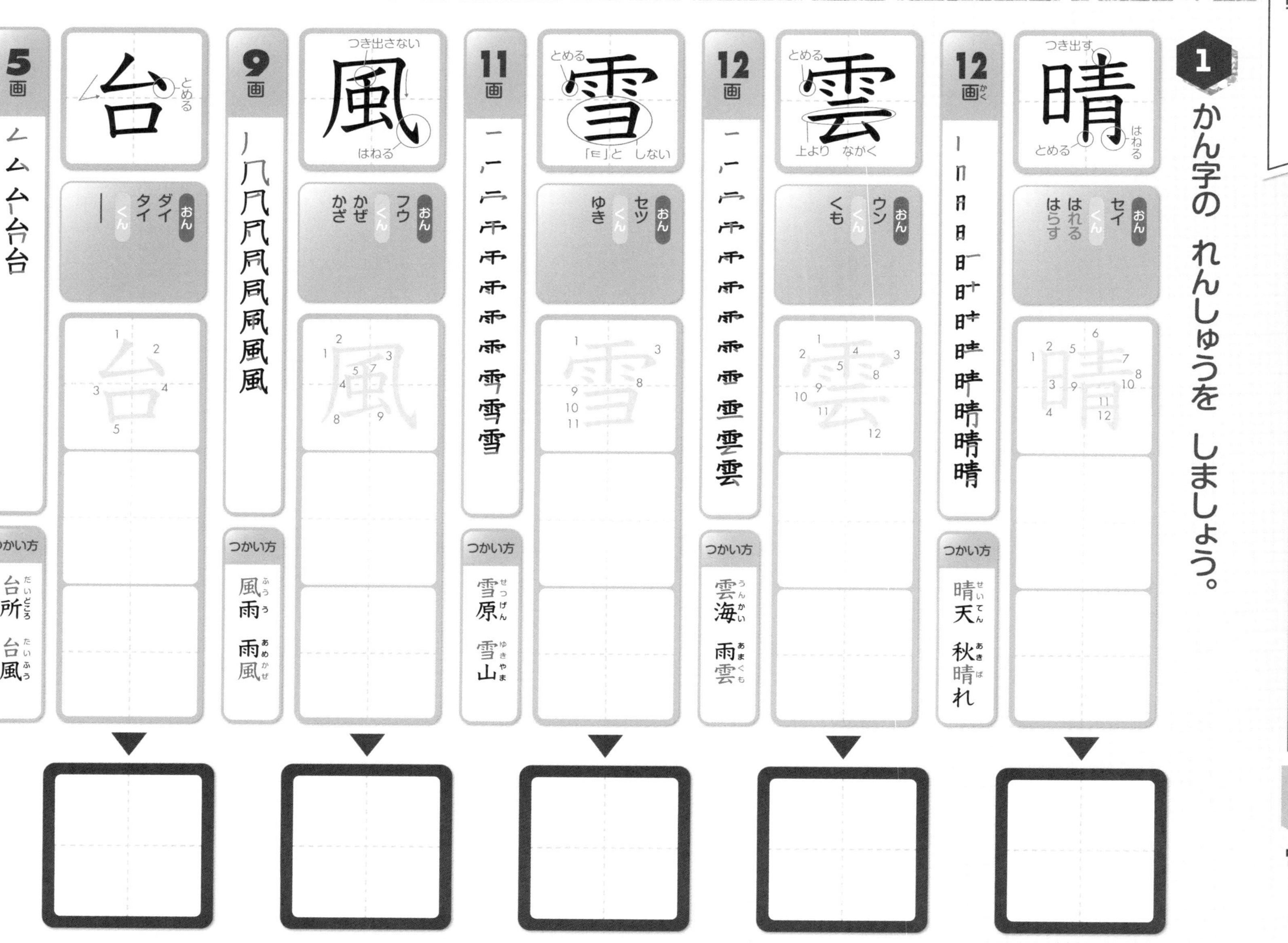

晴（つき出す・とめる・はねる）
おん：セイ
くん：はれる・はらす
12画：丨 ⺆ ⺆ 日 日一 日十 日‡ 日丰 時 晴 晴 晴
つかい方：晴天（せいてん）　秋晴れ（あきばれ）

雲（とめる・上より　ながく）
おん：ウン
くん：くも
12画：一 ⺈ 冖 币 币 币 乕 乕 乕 雪 雲 雲
つかい方：雲海（うんかい）　雨雲（あまぐも）

雪（とめる・「ヨ」と しない）
おん：セツ
くん：ゆき
11画：一 ⺈ 冖 币 币 币 乕 乕 雪 雪 雪
つかい方：雪原（せつげん）　雪山（ゆきやま）

風（つき出さない・はねる）
おん：フウ
くん：かぜ・かざ
9画：丿 几 凡 凡 凨 凬 風 風 風
つかい方：風雨（ふうう）　雨風（あめかぜ）

台（とめる）
おん：ダイ・タイ
くん：―
5画：ㄥ ム ム 台 台
つかい方：台所（だいどころ）　台風（たいふう）

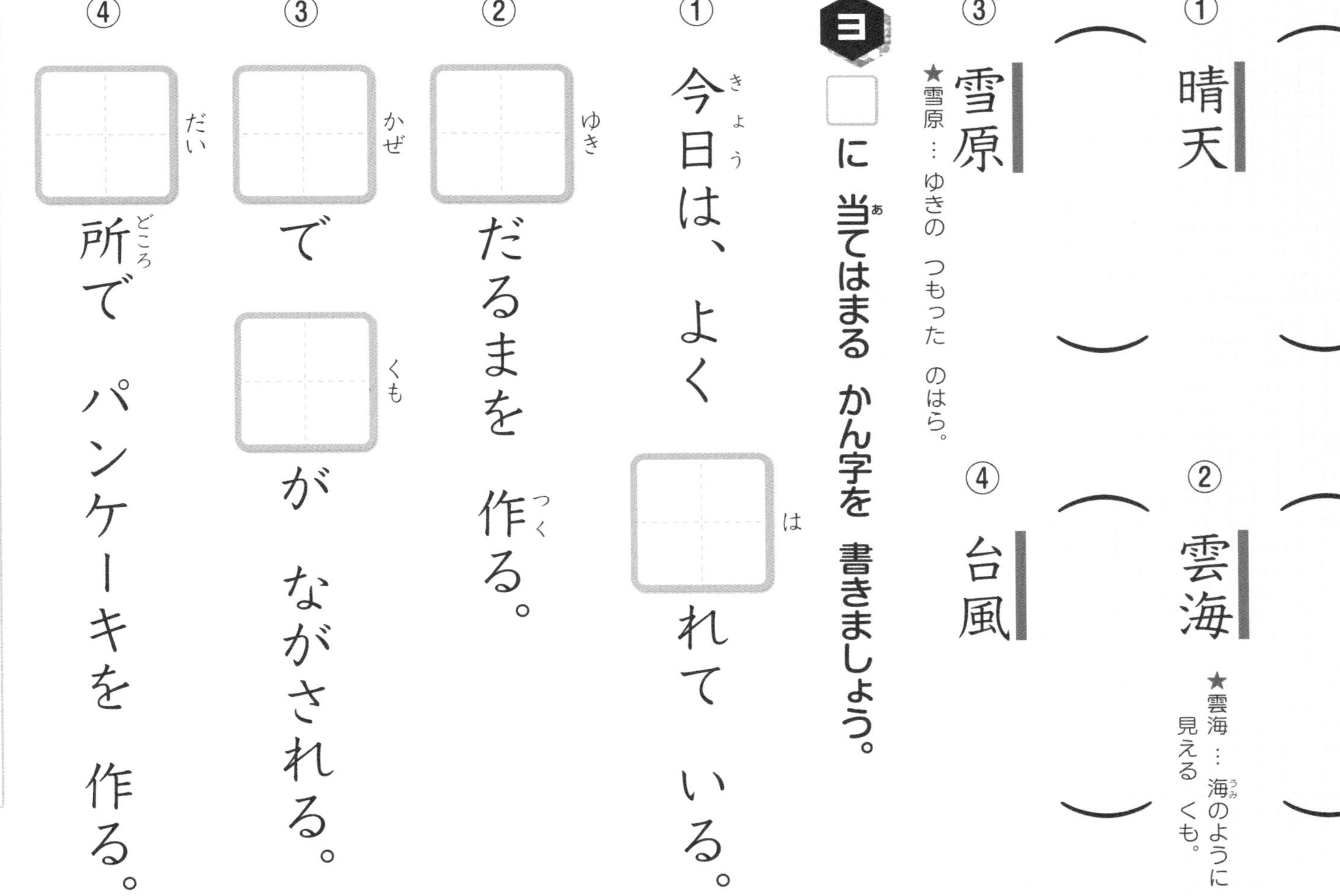

2 ━線の かん字の 読みがなを 書きましょう。

① 晴天（　　）

② 雲海（　　）

★雲海…海のように 広がって 見える くも。

③ 雪原（　　）

★雪原…ゆきの つもった のはら。

④ 台風（　　）

3 □に 当てはまる かん字を 書きましょう。

① 今日は、よく □（は）れて いる。

② □（ゆき）だるまを 作る。

③ □（かぜ）で □（くも）が ながされる。

④ □（だい）所で パンケーキを 作る。

おしゃれの まめちしき

▼ベレーぼうは、ガーリーな ふくと あいしょうバツグンな おしゃれ アイテム★

答え合わせを したら 1ヨ の シールを はろう！

STAGE：2

14

かん字の ふくしゅう②

月　日

答(こた)え 91ページ

1 ―線(せん)の かん字の 読(よ)みがなを 書(か)きましょう。

① 戸を あける。（　　）

② 温(おん)室の 花。（　　）

③ 谷川の ながれ。（　　）

④ 東京に すむ。（　　）

⑤ 時計(とけい)の せん門店。（　　）

⑥ 大地が 広(ひろ)がる。（　　）

★大地…広い 土地の こと。

2 ―線の かん字の 読みがなを 書きましょう。

① 正しい 方向(こう)。（　　）
　 パンの 作(つく)り方。（　　）

② 雪原を 歩(ある)く。（　　）
　 雪山に のぼる。（　　）

三 □に 当てはまる かん字を 書きましょう。

① □(かい) 岸の 大きな □(いわ)。

② □(は) れた 夜は、□(ほし) が 見える。

③ □□□(うお いち ば) を 見学する。

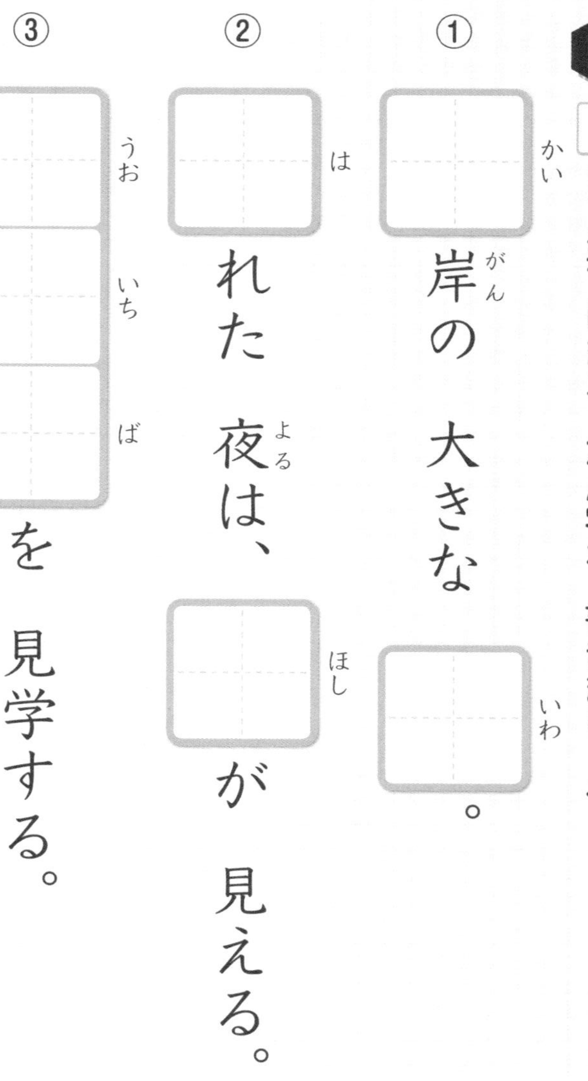

四 □に 当てはまる 方角の かん字を 書きましょう。

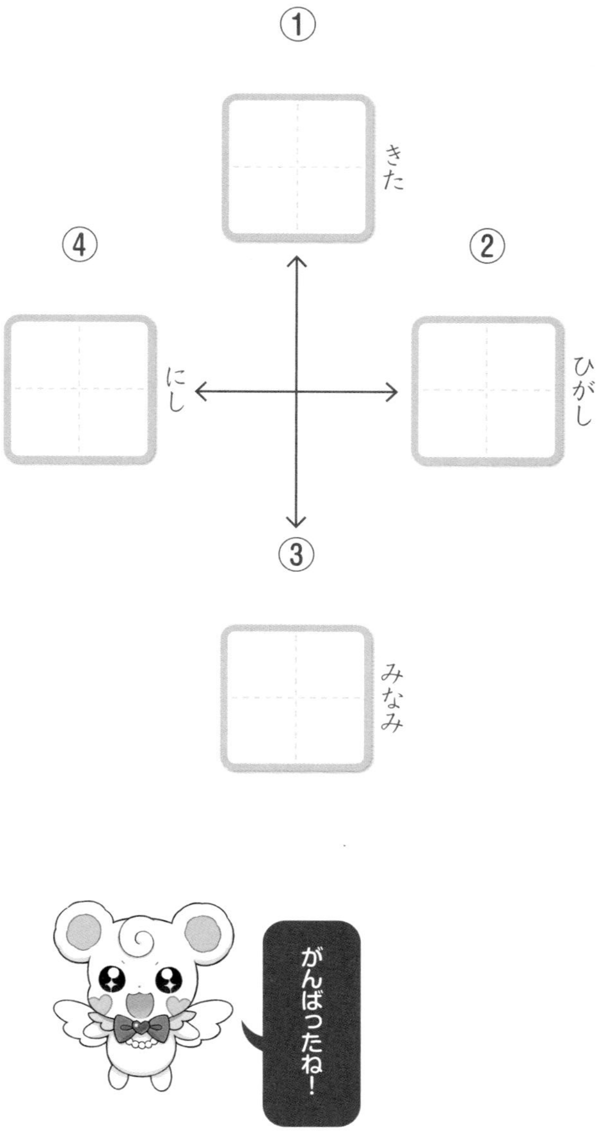

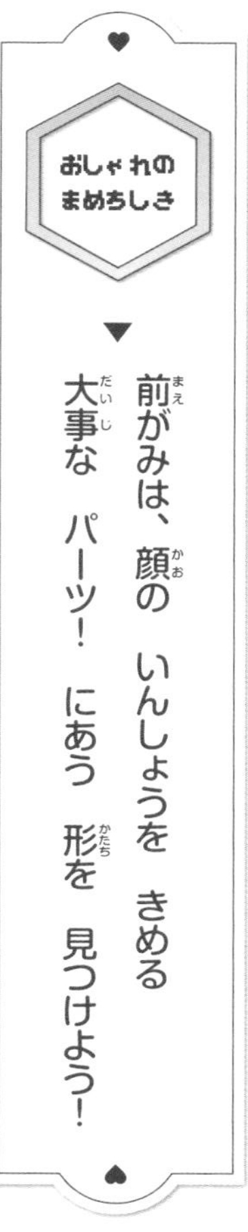

▼前がみは、顔の いんしょうを きめる 大事な パーツ！ にあう 形を 見つけよう！

答え合わせを したら 14 の シールを はろう！

春・夏・秋・冬・色

答え 91ページ

月　日

1 かん字の　れんしゅうを　しましょう。

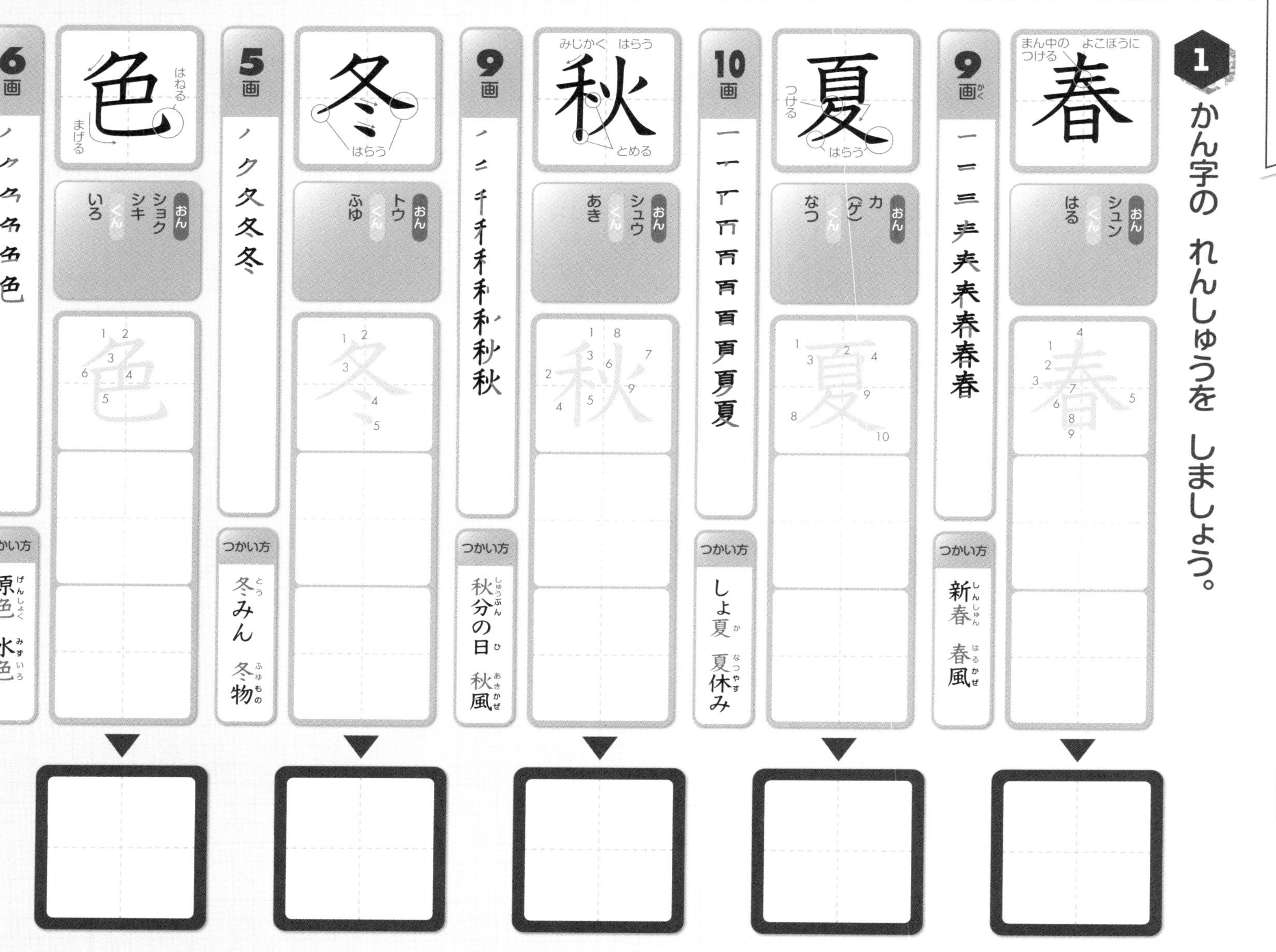

2 ▬線の かん字の 読みがなを 書きましょう。

① 新春（しん）　（　　　）

② しょ夏　（　　　）
★しょ夏…なつの はじめ。

③ 秋分（ぶん）の日　（　　　）

④ 原色　（　　　）
★原色…赤・青・黄いろの 三つの いろ。

3 □に 当てはまる かん字を 書きましょう。

① □□（はる やす）みと □□（なつ やす）み。

② すずしい □□（あき かぜ）が ふく。

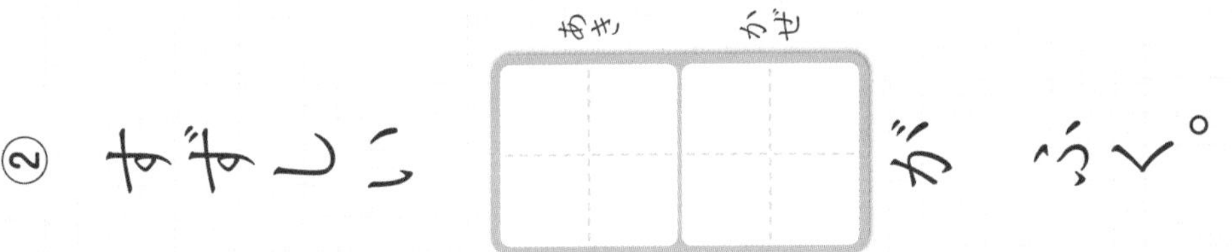

③ □（ふゆ）物の コートを きる。

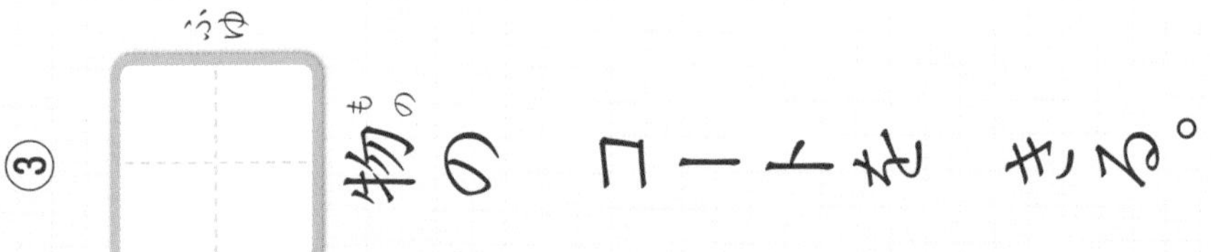

④ さくらの 花は、ピンク□（いろ）だ。

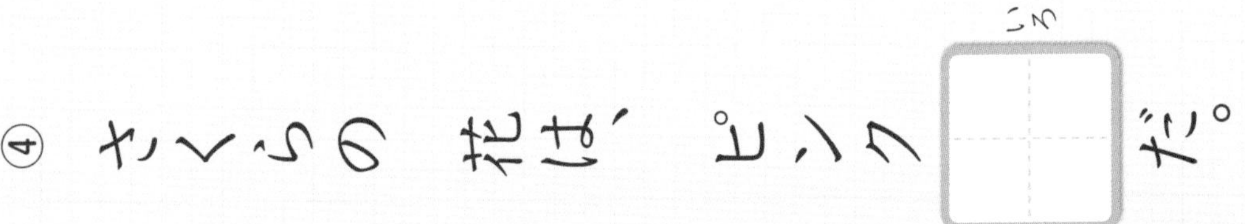

おしゃれの まめちしき
▶ スポーティとは、うごきやすさ バツグンの スタイルの ことだよ。

答え合わせを したら 15 の シールを はろう！

光・明・強・弱

月　日

答え 92ページ

1 かん字の　れんしゅうを　しましょう。

光

つける　はねる　はらう

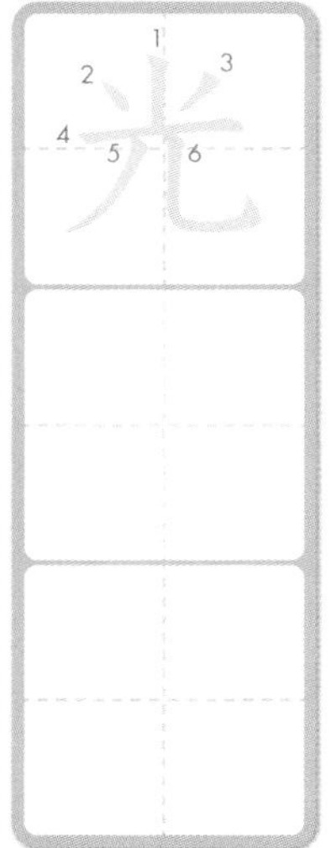

6画

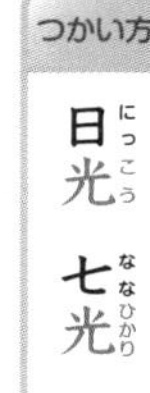

明

小さく　はねる　はらう

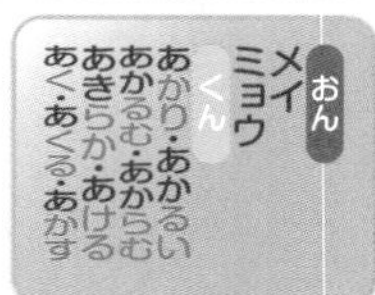

おん　メイ　ミョウ
くん　あかり・あかるい　あかるむ・あからむ　あきらか・あける　あく・あくる・あかす

8画

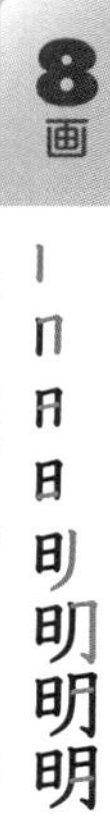

強

つける　とめる　はねる

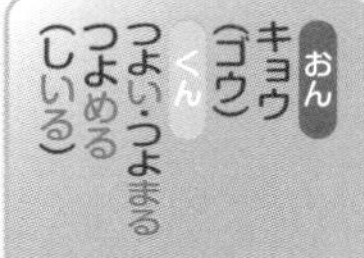

おん　キョウ（ゴウ）
くん　つよい・つよまる　つよめる　（しいる）

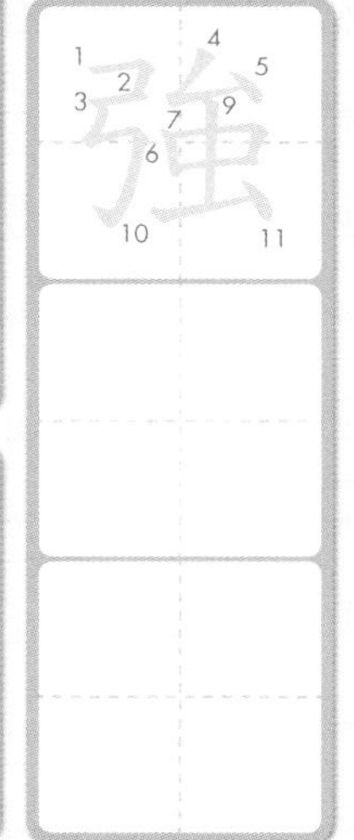
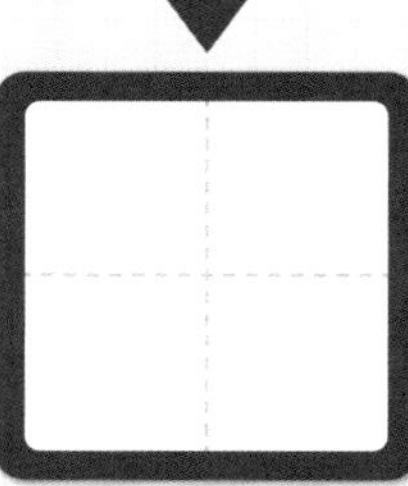

11画

弱

むきに　ちゅうい　はねる

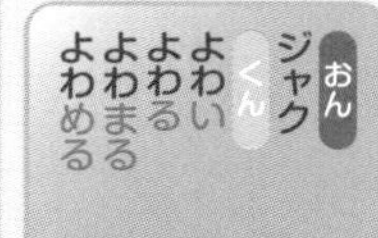

おん　ジャク
くん　よわい　よわる　よわまる　よわめる

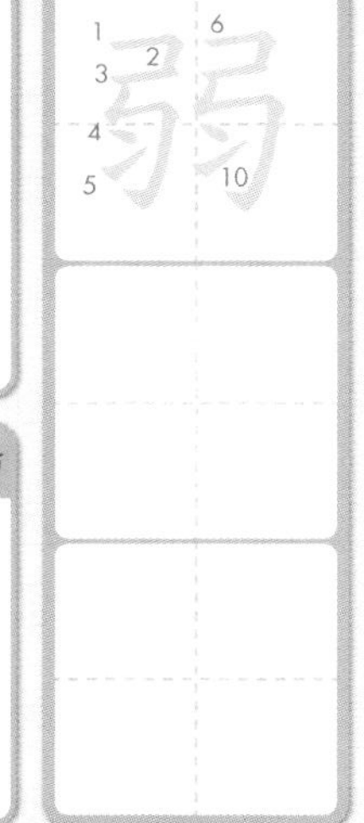

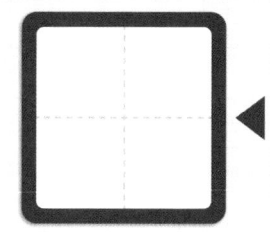

10画

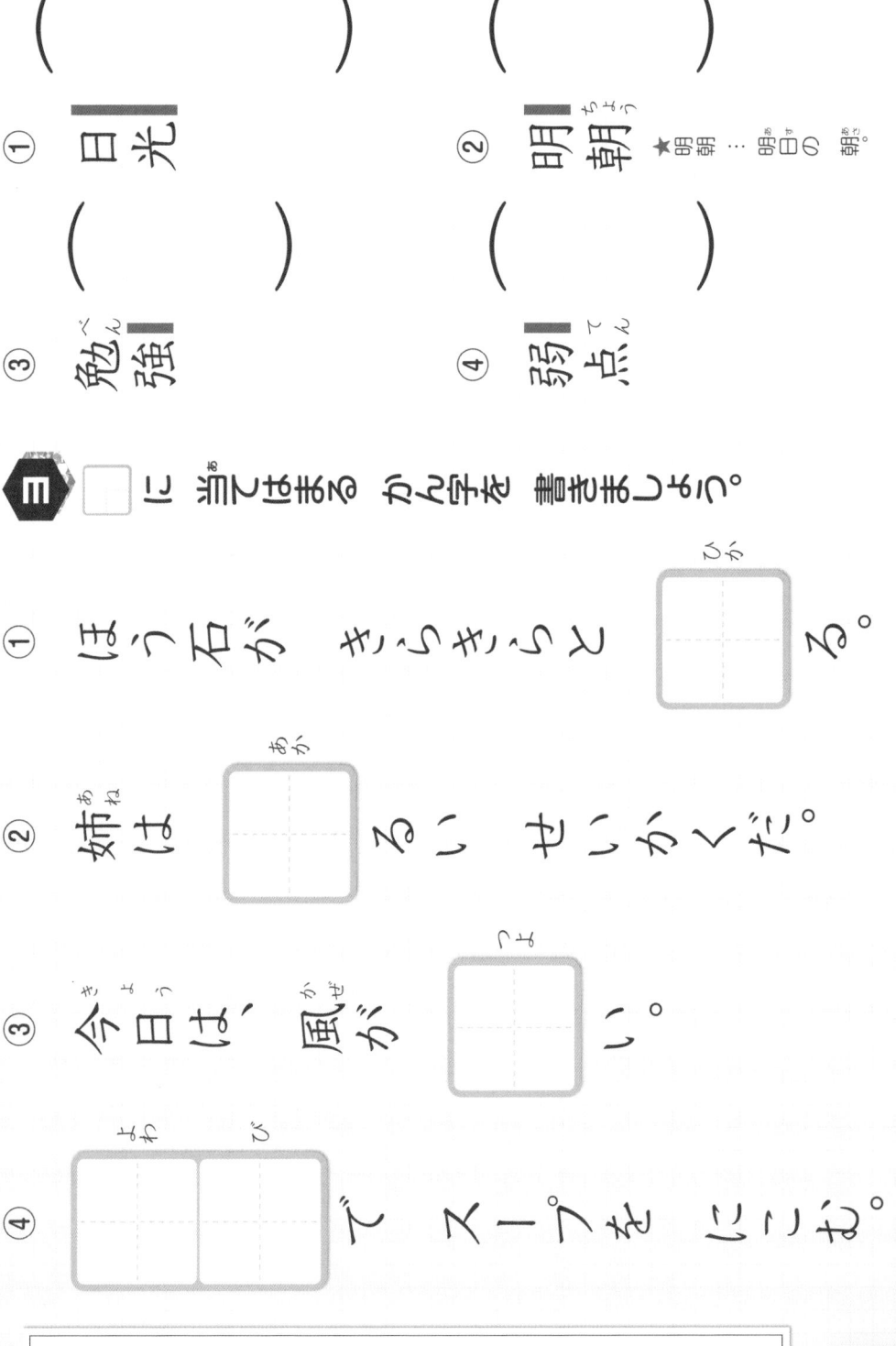

2 ▌線の かん字の 読みがなを 書きましょう。

① 日光（　　　）

② 明朝（　　　）

★明朝…明日の 朝。

③ 勉強（　　　）

④ 弱点（　　　）

3 □に 当てはまる かん字を 書きましょう。

① ほう石が きらきらと □(ひか)る。

② 姉は □(あか)るい せいかくだ。

③ 今日は、風が □(つよ)い。

④ □□(よわび)で スープを にこむ。

おしゃれの まめちしき
▶太い ベルトの サンダルは、くつ下と 合わせて はくのも◎

STAGE：3

17

今・朝・昼・夜・毎

月　日

答え 92ページ

1 かん字の　れんしゅうを　しましょう。

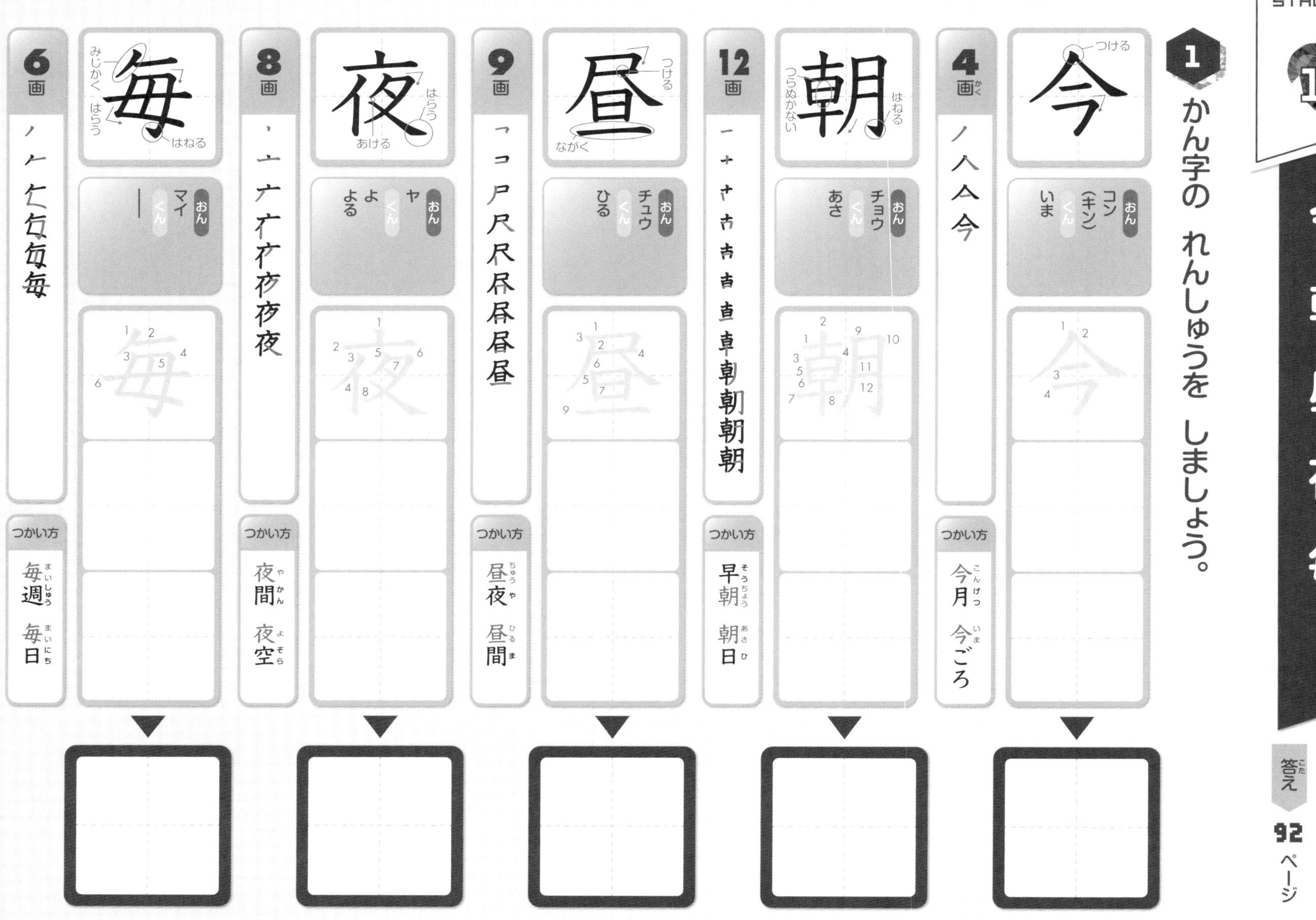

今（4画）
おん：コン（キン）
くん：いま
つけるところ
書きじゅん：ノ 人 亼 今
つかい方：今月（こんげつ）　今ごろ（いまごろ）

朝（12画）
おん：チョウ
くん：あさ
つらぬかない・はねる
書きじゅん：一 十 𠆢 ... 朝 朝 朝
つかい方：早朝（そうちょう）　朝日（あさひ）

昼（9画）
おん：チュウ
くん：ひる
つける・ながく
書きじゅん：フ コ 尸 尺 尺 尽 昼 昼 昼
つかい方：昼夜（ちゅうや）　昼間（ひるま）

夜（8画）
おん：ヤ
くん：よ・よる
はらう・あける
書きじゅん：丶 亠 广 广 夜 夜 夜 夜
つかい方：夜間（やかん）　夜空（よぞら）

毎（6画）
おん：マイ
くん：―
みじかく・はらう・はねる
書きじゅん：ノ ㇒ 𠂉 勹 毎 毎
つかい方：毎週（まいしゅう）　毎日（まいにち）

2 ▮線(せん)の かん字の 読(よ)みがなを 書(か)きましょう。

① 今月 （　　）

② 早朝 （　　）

③ 昼夜 （　　）

④ 毎週(しゅう) （　　）

3 □に 当(あ)てはまる かん字を 書きましょう。

① □(いま)から □(あさ)ごはんだ。

② □□(あさひ)が さしこむ。

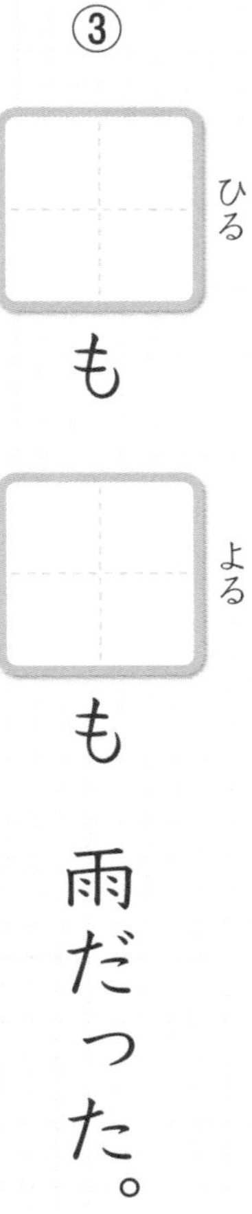

③ □(ひる)も □(よる)も 雨だった。

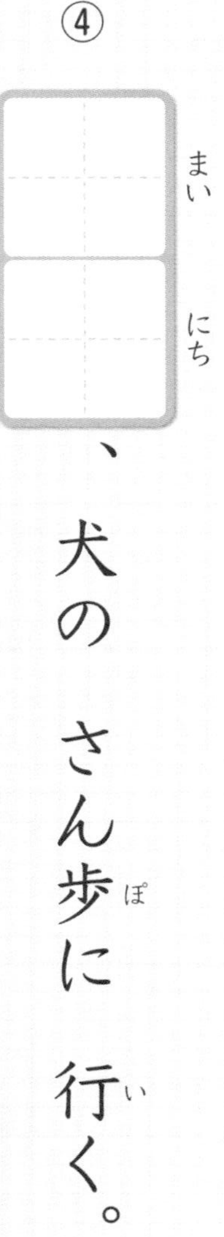

④ □□(まいにち)、犬の さん歩(ぽ)に 行(い)く。

おしゃれのまめちしき

▼かわいい プリーツスカートは、パーカーと 合(あ)わせると カジュアルな コーデに♡

答(こた)え合(あ)わせを したら 1 の シールを はろう！

時・間・分・半・曜

月　日

答え 92ページ

1 かん字の　れんしゅうを　しましょう。

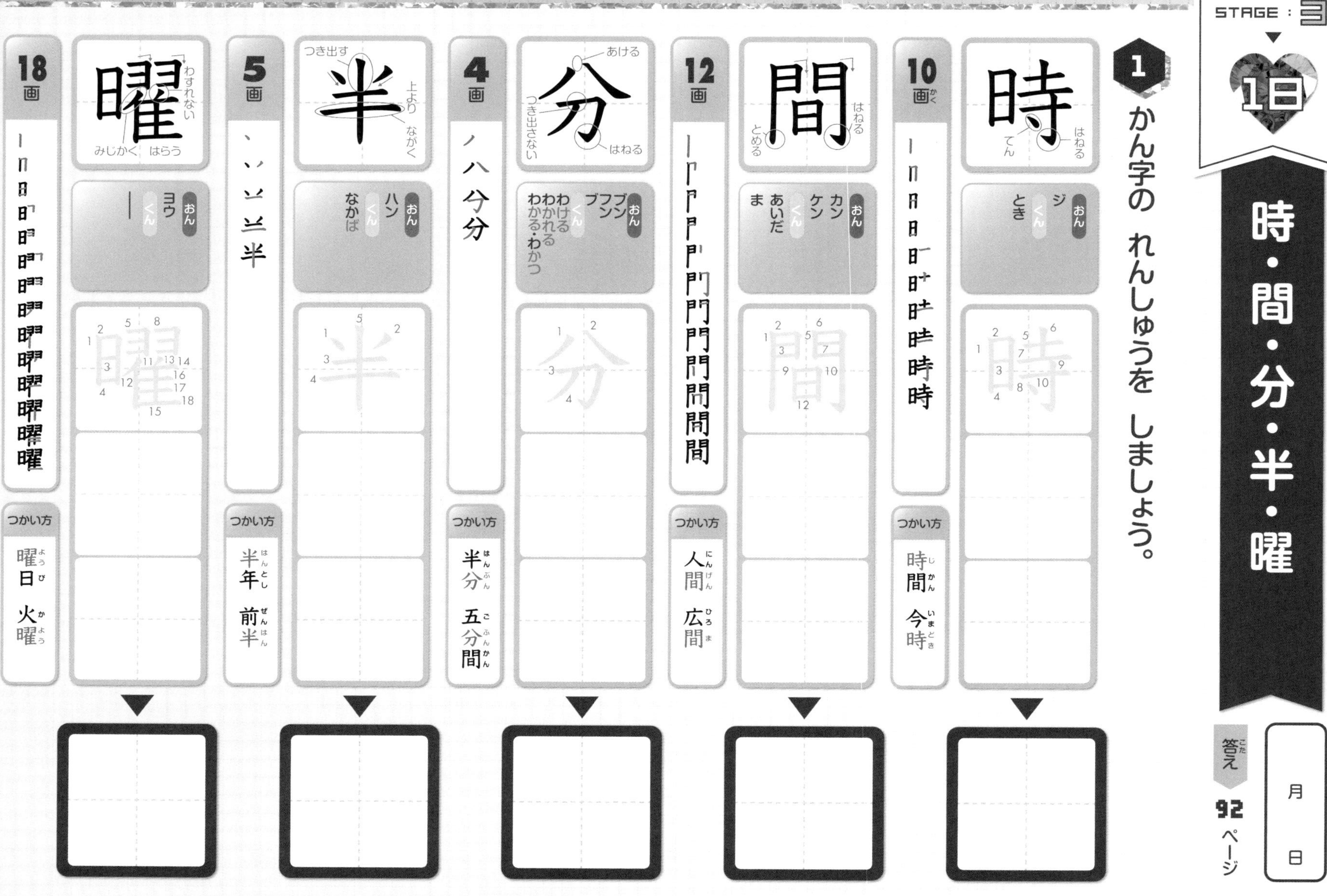

時　10画
おん：ジ
くん：とき
（はねる・てん・はねる）
書きじゅん：丨 ⺆ ⺆ 日 日一 日十 日土 旪 時 時
つかい方：時間（じかん）　今時（いまどき）

間　12画
おん：カン　ケン
くん：あいだ　ま
（とめる・はねる）
書きじゅん：丨 ｢ ｣ 戸 門 門 門 門 問 間 間 間
つかい方：人間（にんげん）　広間（ひろま）

分　4画
おん：ブン　フン　ブ
くん：わける　わかれる　わかる・わかつ
（あける・つき出さない・はねる）
書きじゅん：丿 八 分 分
つかい方：半分（はんぶん）　五分間（ごふんかん）

半　5画
おん：ハン
くん：なかば
（つき出す・上より・ながく）
書きじゅん：丶 丷 䒑 ⺷ 半
つかい方：半年（はんとし）　前半（ぜんはん）

曜　18画
おん：ヨウ
くん：―
（わすれない・みじかく・はらう）
書きじゅん：丨 ⺆ 日 日 日 日 日 日 日 日 日 日 日 日 日 日 曜 曜
つかい方：曜日（ようび）　火曜（かよう）

2 ▍線の かん字の 読みがなを 書きましょう。

① 八時半（　　　）

② 人間（　　　）

③ 五分間（　　　）

④ 火曜日（　　　）

3 □に 当てはまる かん字を 書きましょう。

① 楽しい □（とき）を すごす。

② 広□（ひろま）で ダンスを する。

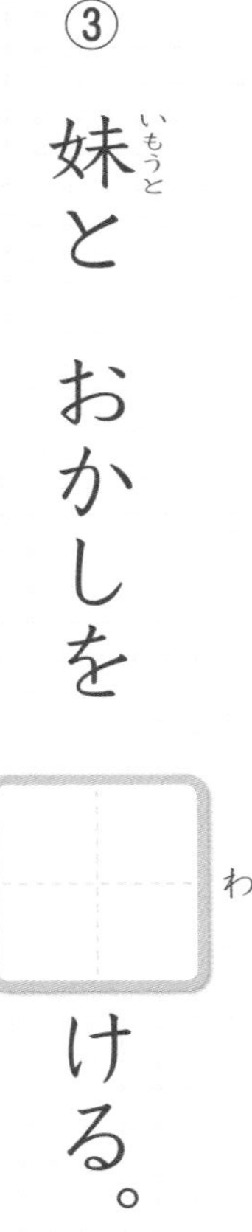

③ 妹と おかしを □（わ）ける。

④ 夏休みも □（なか）ばを すぎる。

★なかば … まん中。中ほど。

おしゃれの まめちしき

▼ えりや そでが ない ふくの ことを、ノースリーブや タンクトップなどと いうよ。

答え合わせを したら 1日 の シールを はろう！

STAGE：3

19

午・前・後・週

月　日

答え 92ページ

1 かん字の れんしゅうを しましょう。

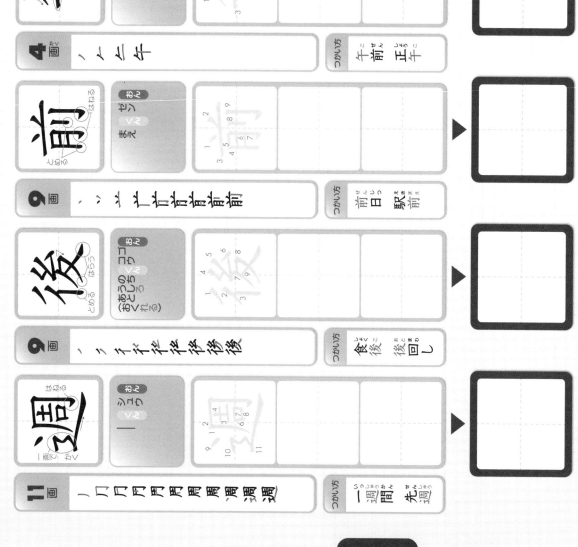

午（つき出さない／ながく）
おん：ゴ
くん：―
4画：ノ ㇒ 䒑 午
つかい方：午前（ごぜん）　正午（しょうご）

前（とめる／はねる）
おん：ゼン
くん：まえ
9画：丶 丷 䒑 广 肖 前 前 前 前
つかい方：前日（ぜんじつ）　駅前（えきまえ）

後（とめる／はらう）
おん：ゴ・コウ
くん：のち・うしろ・あと・（おくれる）
9画：ノ 彳 彳 㣔 彵 往 後 後 後
つかい方：食後（しょくご）　後回し（あとまわし）

週（はねる／一画で かく）
おん：シュウ
くん：―
11画：丿 冂 冂 月 用 用 周 周 凋 调 週
つかい方：一週間（いっしゅうかん）　先週（せんしゅう）

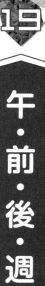

2 ▍線（せん）の かん字の 読（よ）みがなを 書（か）きましょう。

① 正午（　　　）
★正午…昼（ひる）の 十二時（じ）。

② 前日（　　　）

③ 食後（しょく）（　　　）

④ 先週（　　　）

3 □に 当（あ）てはまる かん字を 書きましょう。

① □□（ご ぜん） 六時（じ）に おきる。

② 駅（えき）の □（まえ）の パンやさん。

③ れつの □（うし）ろに ならぶ。

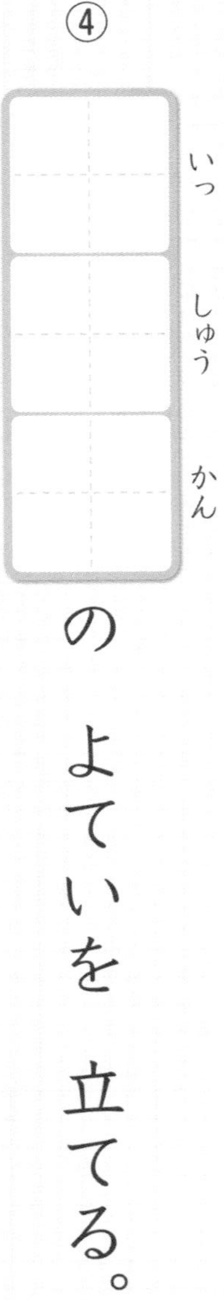

④ □□□（いっ しゅう かん）の よていを 立てる。

時（とき）の かん字を
おぼえたね。

おしゃれの
まめちしき

▼ ロゴT（ティー）シャツは、文字の 色（いろ）や 形（かたち）に よって クールや キュートな いんしょうに★

答（こた）え合（あ）わせを したら 19 の シールを はろう！

STAGE：3

20

外・内・広・遠・近

月　日

答え 92ページ

1 かん字の　れんしゅうを　しましょう。

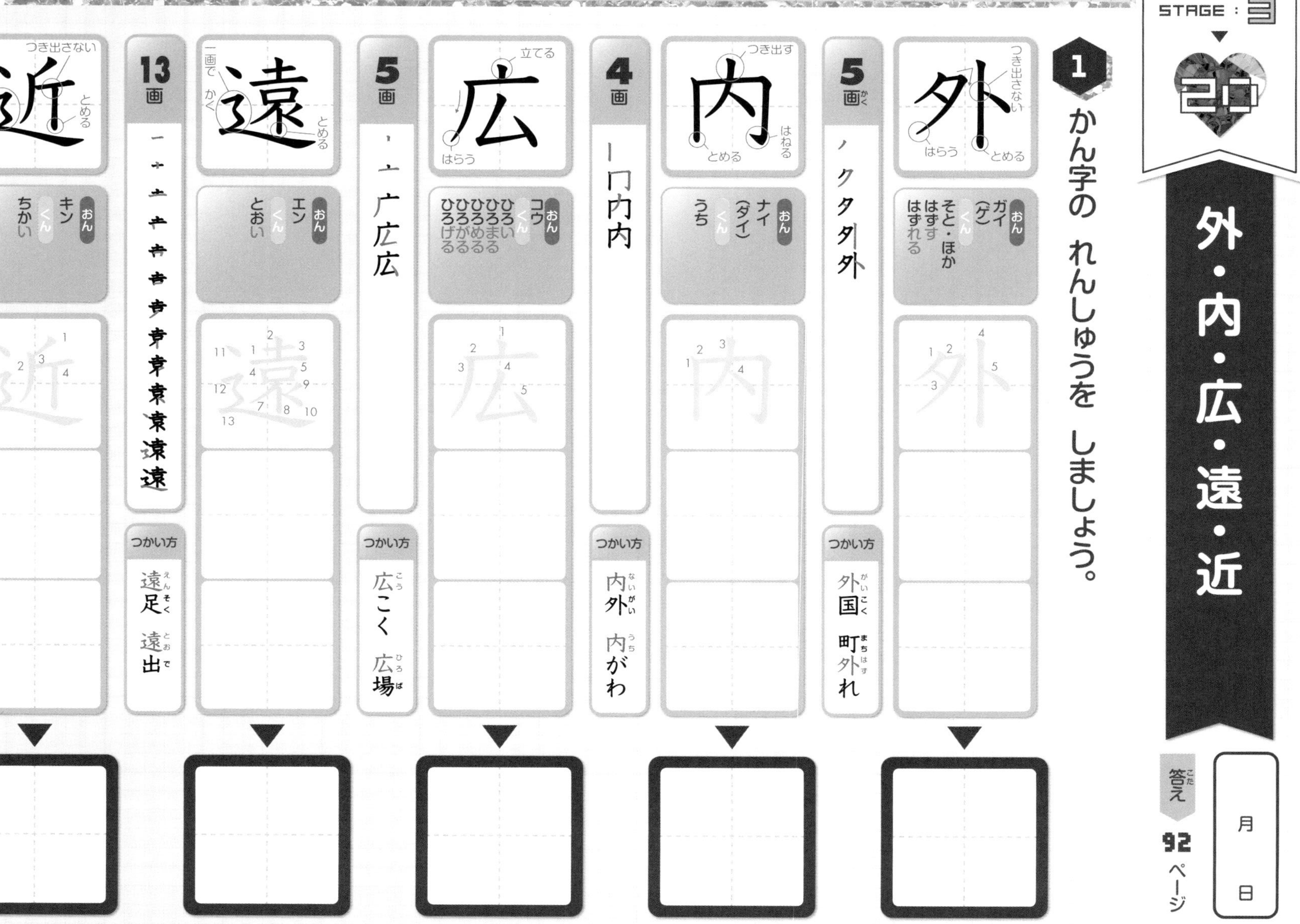

外（つき出さない・はらう・とめる）
おん：ガイ・(ゲ)
くん：そと・ほか・はずす・はずれる
5画：ノ ク タ 列 外
つかい方：外国（がいこく）　町外れ（まちはずれ）

内（つき出す・はねる・とめる）
おん：ナイ・(ダイ)
くん：うち
4画：丨 冂 内 内
つかい方：内外（ないがい）　内がわ（うちがわ）

広（立てる・はらう）
おん：コウ
くん：ひろい・ひろまる・ひろめる・ひろがる・ひろげる
5画：丶 亠 广 広 広
つかい方：広こく（こうこく）　広場（ひろば）

遠（一画でかく・とめる）
おん：エン
くん：とおい
13画：一 十 土 吉 吉 吉 声 声 亨 袁 袁 遠 遠
つかい方：遠足（えんそく）　遠出（とおで）

近（一画でかく・つき出さない・とめる）
おん：キン
くん：ちかい
7画：丶 厂 F 斤 斤 沂 近
つかい方：近所（きんじょ）　近道（ちかみち）

2 ━線の かん字の 読みがなを 書きましょう。

① 国の 内外。（　　）

② 広こく（　　）

★広こく…しなものなどについて、多くの 人に 知らせる こと。

③ 遠足（　　）

④ 近所（　　）

3 □に 当てはまる かん字を 書きましょう。

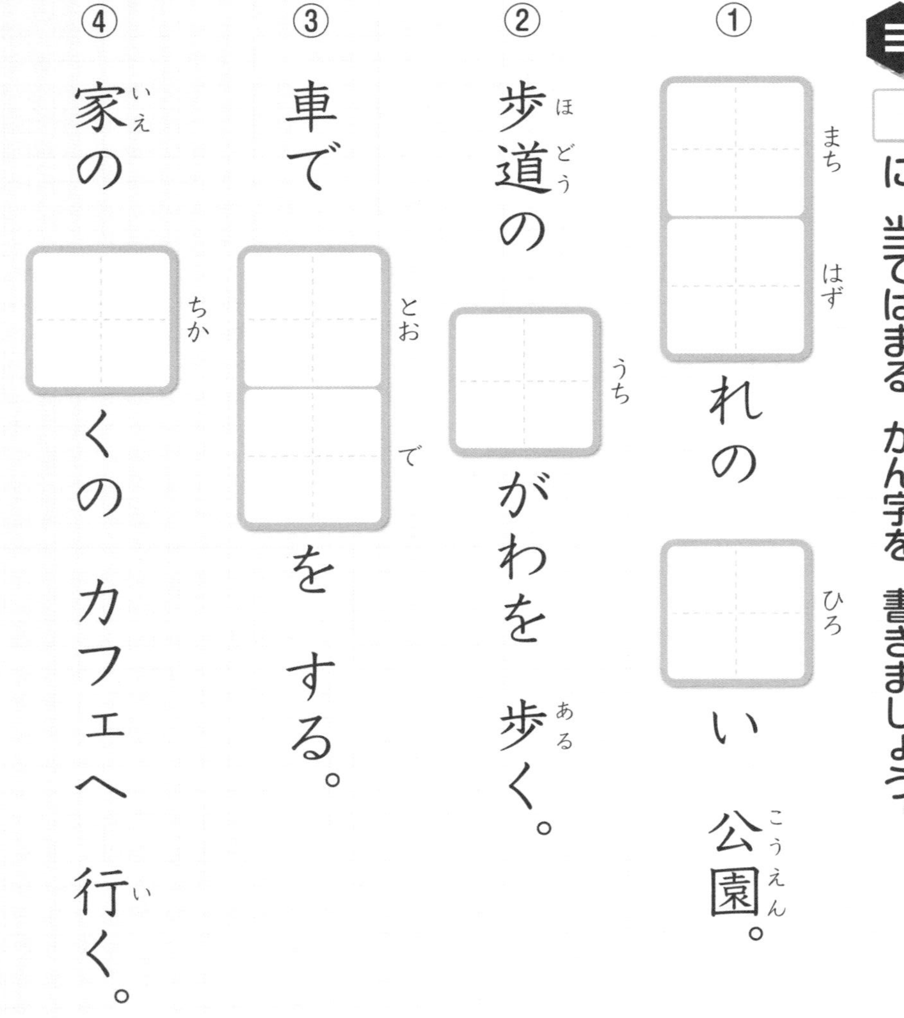

① □□（まちはず）れの □（ひろ）い 公園。

② 歩道の □（うち）がわを 歩く。

③ 車で □□（とおで）を する。

④ 家の □（ちか）くの カフェへ 行く。

おしゃれのまめちしき

▶ふくや カバンに かんバッチを つけると、コーデが 一気に ポップに なるよ！

答え合わせを したら この シールを はろう！

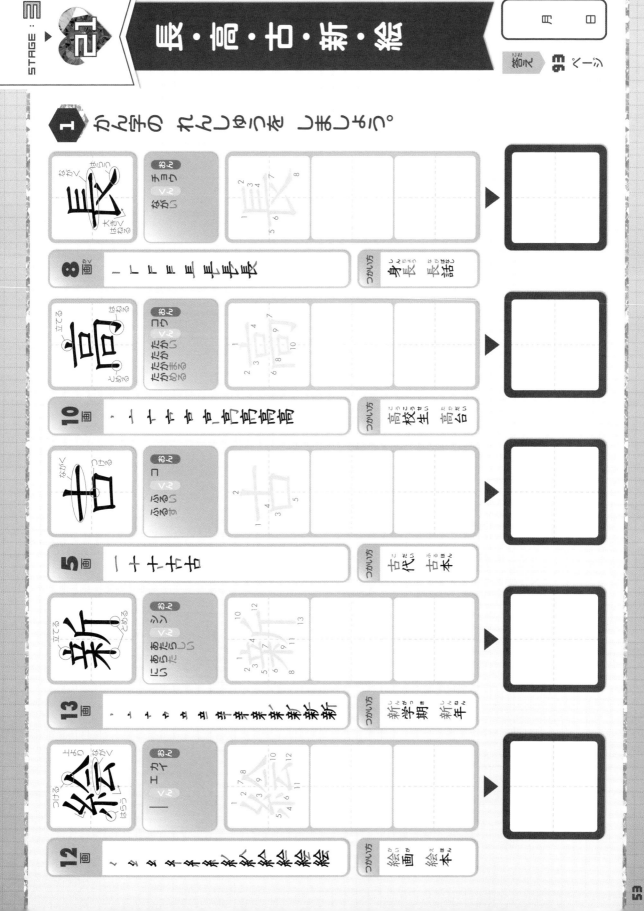

21 長・高・古・新・絵

月　日

答え 93ページ

1 かん字の れんしゅうを しましょう。

長（ながく／はらう／大きくはねる）
おん：チョウ　くん：ながい
8画：長
つかい方：身長（しんちょう）　長話（ながばなし）

高（立てる／はねる／とめる）
おん：コウ　くん：たかい　たか　たかまる　たかめる
10画：高
つかい方：高校生（こうこうせい）　高台（たかだい）

古（ながく／つける）
おん：コ　くん：ふるい　ふるす
5画：一 十 十 古 古
つかい方：古代（こだい）　古本（ふるほん）

新（立てる／とめる）
おん：シン　くん：あたらしい　あらた　にい
13画：新
つかい方：新学期（しんがっき）　新年（しんねん）

絵（つける／上より／ながく／はらう）
おん：カイ　エ　くん：ー
12画：絵
つかい方：絵画（かいが）　絵本（えほん）

2 ＿＿線(せん)の かん字の 読(よ)みがなを 書(か)きましょう。

① 身長(しん)（　　　）

② 高校生（　　　）

③ 古代(だい)（　　　）

★古代…大むかし

④ 新学期(がっき)（　　　）

3 □に 当(あ)てはまる かん字を 書きましょう。

① しっぽの □(なが)い ねこ。

② □□(たかだい)に のぼる。

③ □(ふる)い しゃしんを 見る。

④ □(あたら)しい クレヨンで □(え)を かく。

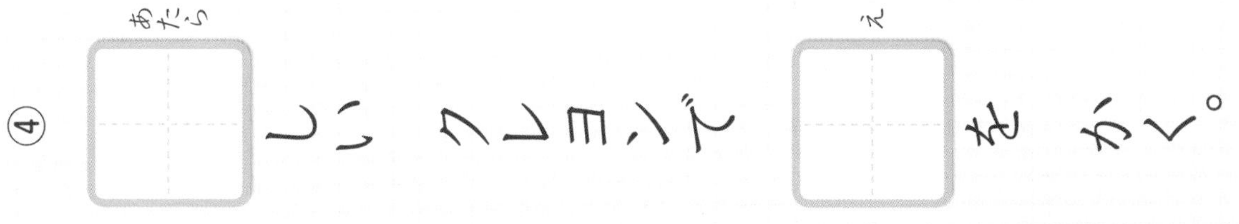

おしゃれの
まめちしき
ポンパは、前(まえ)がみを 上げる ヘアスタイル。
上げた 前がみは ふんわり 仕上(しあ)げよう！

答(こた)え合(あ)わせを したら 21 の シールを はろう！

かん字の ふくしゅう③

月　日

答え 93ページ

1 ――線の かん字の 読みがなを 書きましょう。

① 今夜は カレーだ。（　　）

② 一週間の できごと。（　　）

③ 強弱を つける。（　　）

④ 内気な せいかく。（　　）

⑤ 七時半に おきる。（　　）

⑥ 午後に 出発する。（　　）

2 ――線の かん字の 読みがなを 書きましょう。

① 水分を とる。（　　）
　 し合で 引き分ける。（　　）

② 市長に 会う。（　　）
　 長生きする（　　）

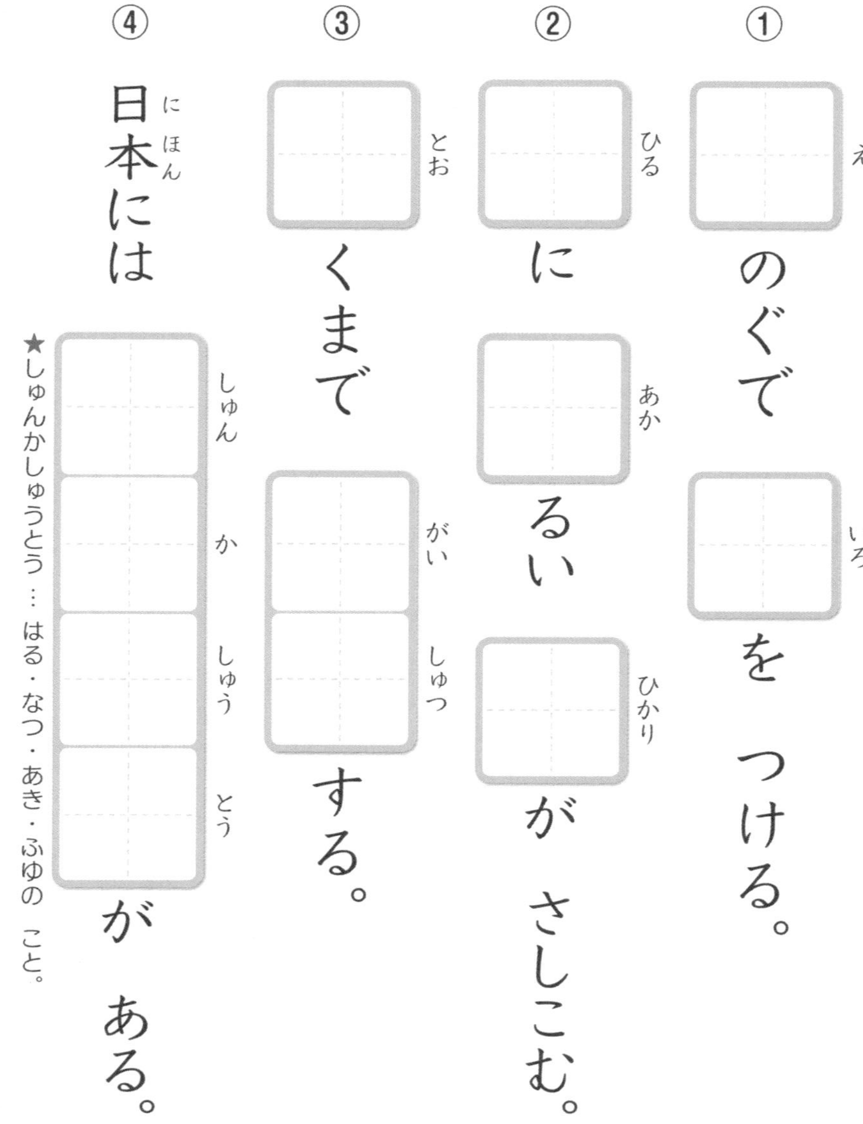

3 □に 当(あ)てはまる かん字を 書(か)きましょう。

① □(え)のぐで □(いろ)を つける。

② □(ひる)に □(あか)るい □(ひかり)が さしこむ。

③ □(とお)くまで □□(がいしゅつ)する。

④ 日本(にほん)には □□□□(しゅんかしゅうとう)が ある。

★しゅんかしゅうとう…はる・なつ・あき・ふゆの こと。

4 ▌線(せん)の 言葉(ことば)を、かん字と ひらがなで 書きましょう。

① たかい コートを 買(か)う。（　　）

② あたらしい くつを はく。（　　）

③ 風(かぜ)が 少(すこ)し よわまる。（　　）

おしゃれの まめちしき

▼カラフルな ヘアピンは、組(く)み合(あ)わせる ことで、コーデの アクセントに なるよ！

答(こた)え合(あ)わせを したら 22の シールを はろう！

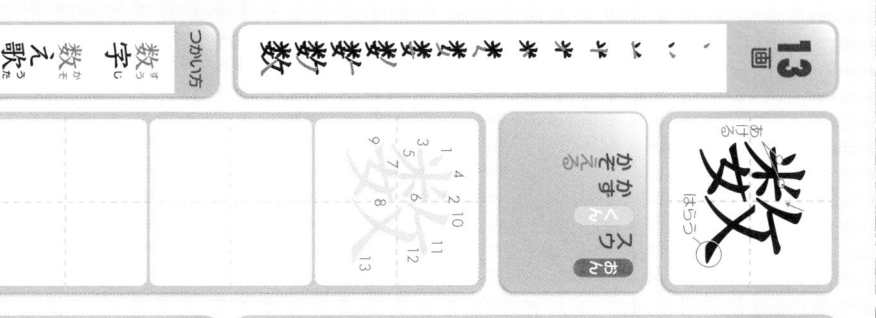

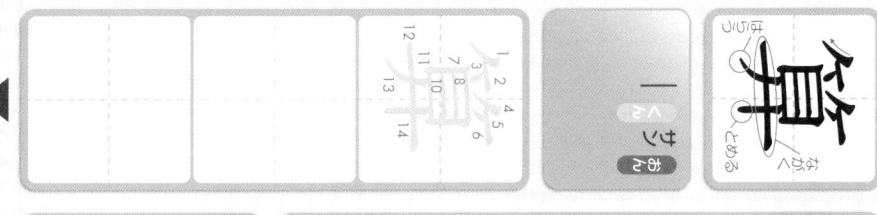

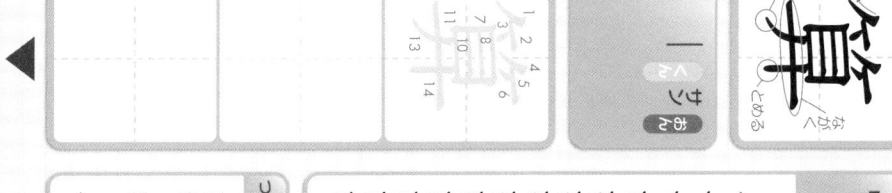

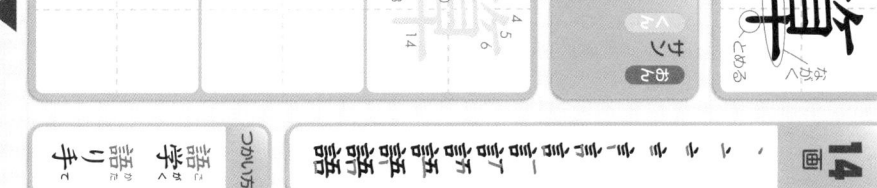

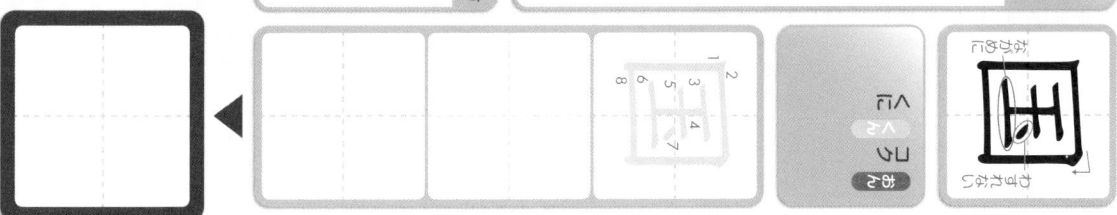

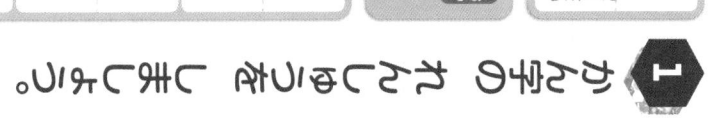

国・語・算・数

月　日

答え 93ページ

1 かん字の れんしゅうを しましょう。

かん字	読み	画数	つかい方
国（わすれない・ながめに）	おん：コク　くん：くに	8画	国語（こくご）　雪国（ゆきぐに）
語（てん・ながめに）	おん：ゴ　くん：かたる・かたらう	14画	語学（ごがく）　語り手（かたりて）
算（ながく・はらう・とめる）	おん：サン　くん：―	14画	算数（さんすう）　足し算（たしざん）
数（あける・はらう）	おん：スウ　くん：かず・かぞえる	13画	数字（すうじ）　数え歌（かぞえうた）

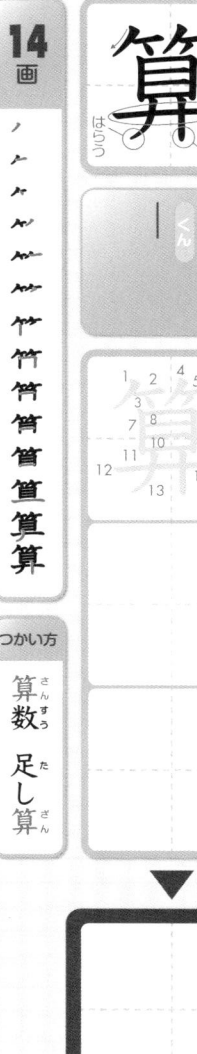

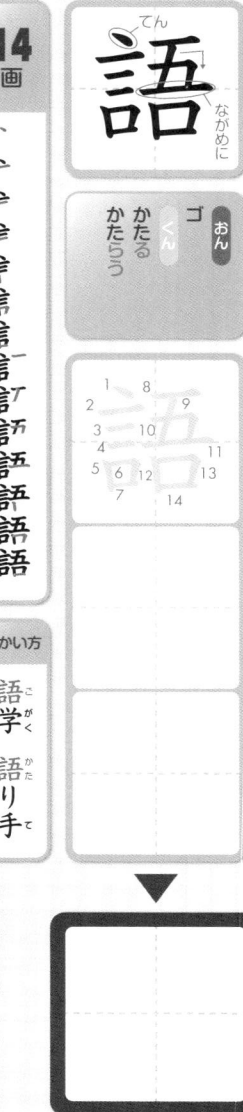

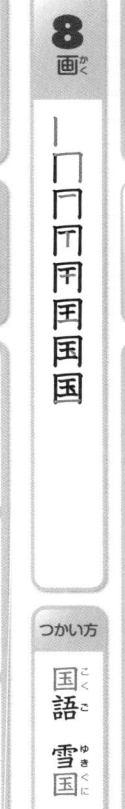

二 ——線の かん字の 読みがなを 書きましょう。

① 国語（　　　）

② 語学（　　　）

③ たし算（　　　）

④ 数字（　　　）

三 □に 当てはまる かん字を 書きましょう。

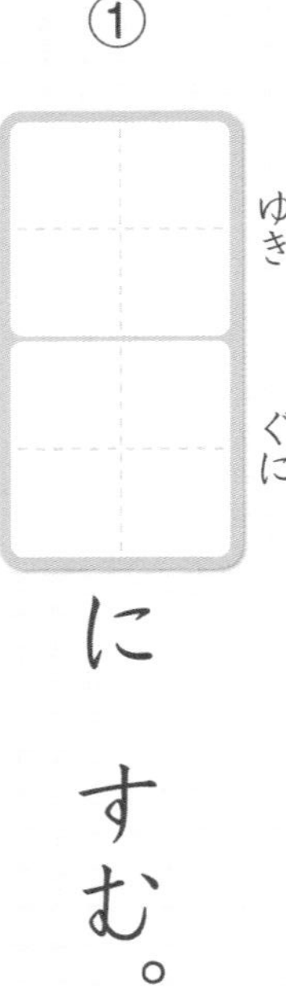

① □□（ゆきぐに）に すむ。

② むかし話の □（かた）り手。

③ □□（さんすう）が とくいだ。

④ もって いる ヘアピンを □（かぞ）える。

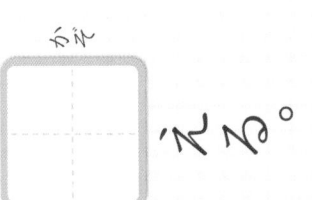

教科の かん字を おぼえよう！

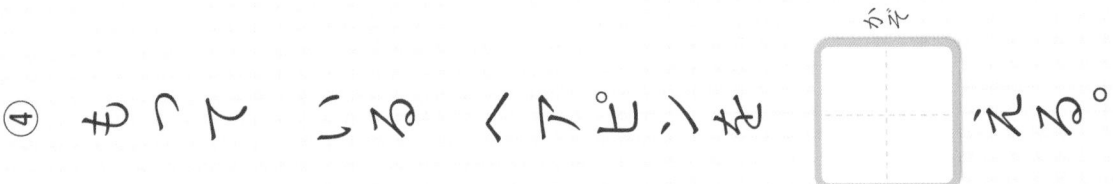

おしゃれの まめちしき

▼シンプルな 大人っぽコーデには、おちついた 色を つかうのが ポイントだよ！

答え合わせを したら 23の シールを はろう！

24

計・形・活・歌・声

月　日

答え 93ページ

1 かん字の れんしゅうを しましょう。

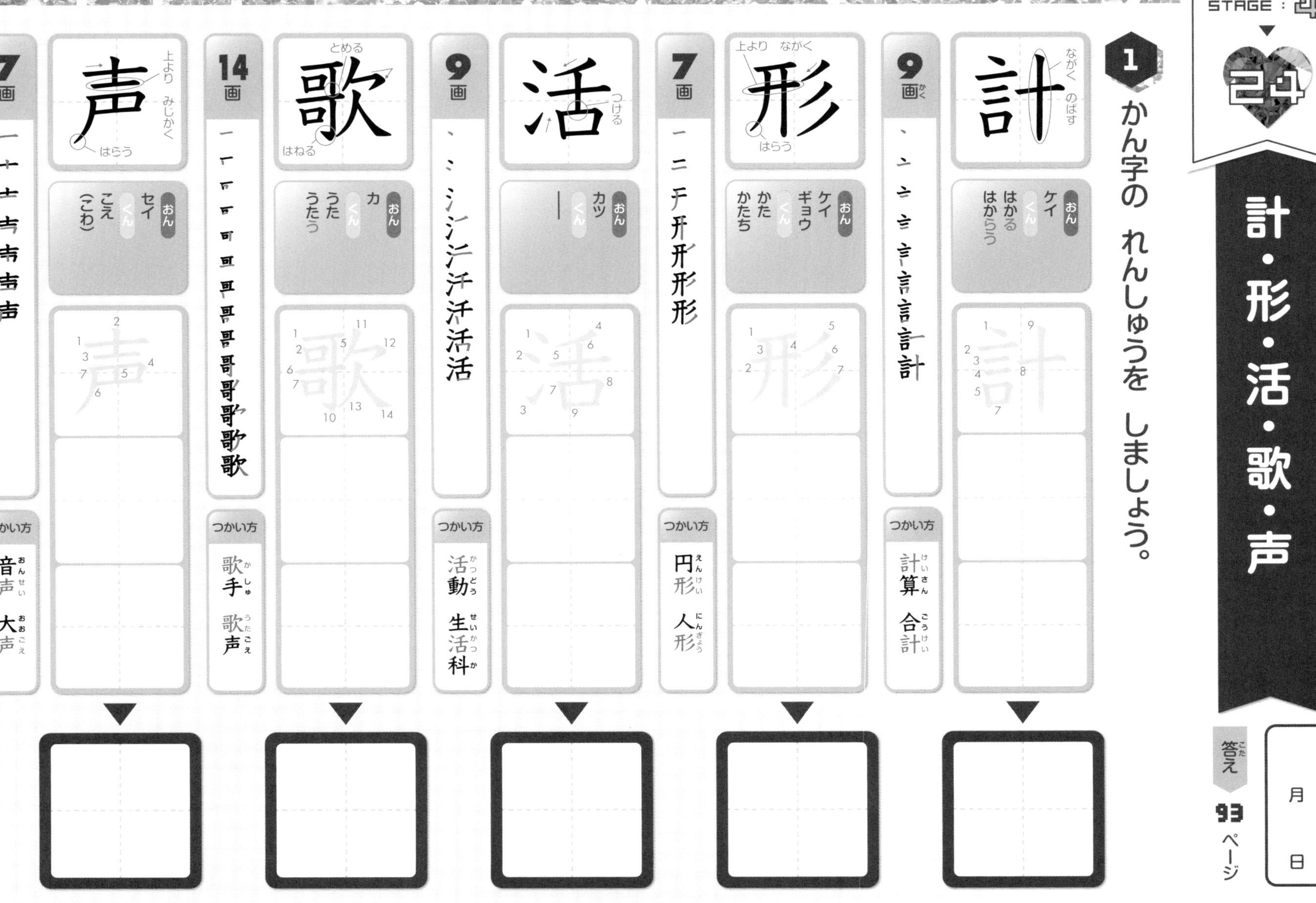

計　おん：ケイ　くん：はかる、はからう　9画
、 亠 亠 亠 言 言 言 言 計
つかい方：計算（けいさん）　合計（ごうけい）

形　おん：ケイ、ギョウ　くん：かた、かたち　7画
一 二 于 开 开 形 形
つかい方：円形（えんけい）　人形（にんぎょう）

活　おん：カツ　くん：―　9画
、 丶 氵 氵 汗 汗 活 活 活
つかい方：活動（かつどう）　生活科（せいかつか）

歌　おん：カ　くん：うた、うたう　14画
一 丅 可 可 可 哥 哥 哥 哥 哥 歌 歌 歌 歌
つかい方：歌手（かしゅ）　歌声（うたごえ）

声　おん：セイ　くん：こえ、（こわ）　7画
一 十 士 韦 韦 吉 声
つかい方：音声（おんせい）　大声（おおごえ）

2 ▌線(せん)の かん字の 読(よ)みがなを 書(か)きましょう。

① ▌計算 （　　　　）

② ▌円形 （　　　　）

③ ▌音声 （　　　　）

④ ▌歌手 （　　　　）

3 □に 当(あ)てはまる かん字を 書きましょう。

① 五十メートル走(そう)の タイムを □(はか)る。

② 三角(さんかく)の □(かたち)に おにぎりを 作(つく)る。

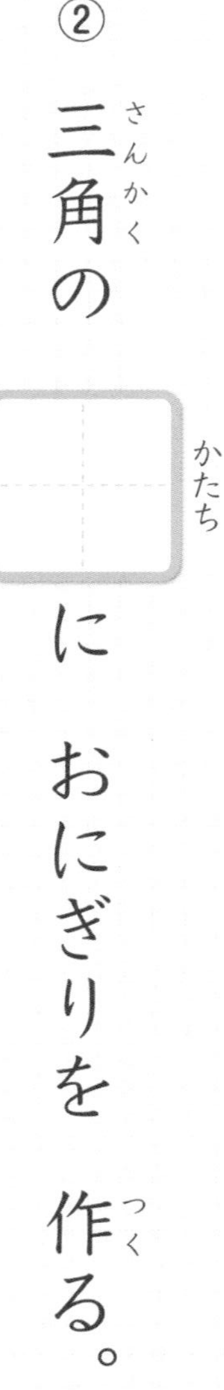

③ □□科(せいかつか)の 時間(じかん)。

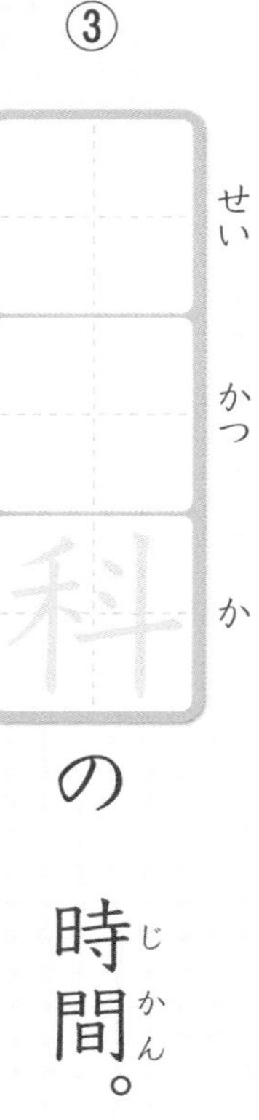

④ きれいな □□(うたごえ)が ひびく。

おしゃれの まめちしき

▼ ごわごわした 手ざわりの ツイード生地(きじ)は、冬(ふゆ)の コーデに ぴったり！

答(こた)え合(あ)わせを したら 24の シールを はろう！

図・画・工・作・体

月　日

答え 93ページ

1 かん字の れんしゅうを しましょう。

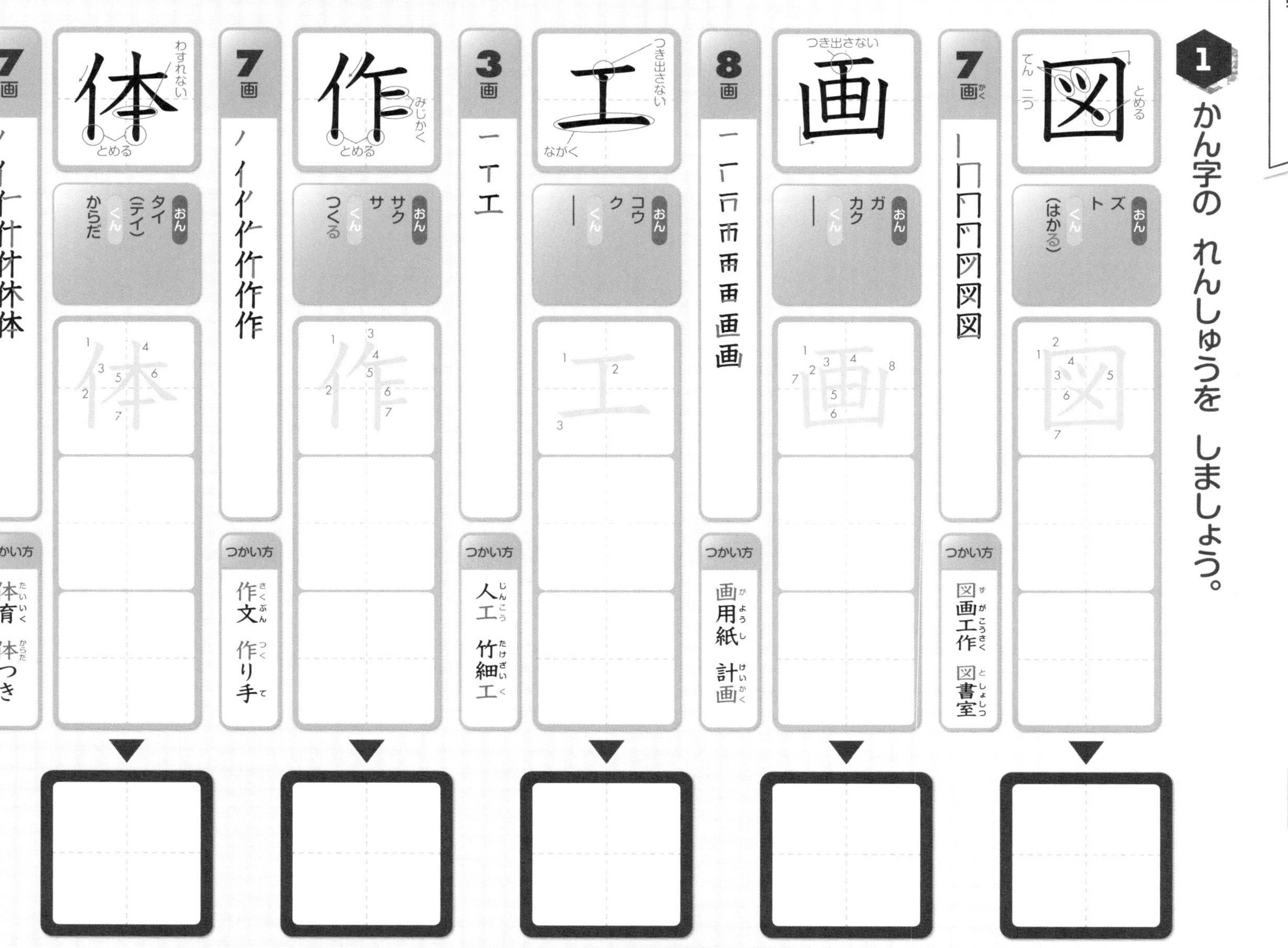

図（7画）
おん：ズ・ト
くん：(はかる)
書きじゅん：丨 冂 冂 冈 冈 図 図
つかい方：図画工作（ずがこうさく）　図書室（としょしつ）

画（8画）
おん：ガ・カク
くん：―
書きじゅん：一 丆 冂 币 而 亜 画 画
つかい方：画用紙（がようし）　計画（けいかく）

工（3画）
おん：コウ・ク
くん：―
書きじゅん：一 丅 工
つかい方：人工（じんこう）　竹細工（たけざいく）

作（7画）
おん：サク・サ
くん：つくる
書きじゅん：丿 亻 𠆢 竹 作 作 作
つかい方：作文（さくぶん）　作り手（つくりて）

体（7画）
おん：タイ・(テイ)
くん：からだ
書きじゅん：丿 亻 仁 什 休 休 体
つかい方：体育（たいいく）　体つき（からだつき）

2 ――線の かん字の 読みがなを 書きましょう。

① 図画工作（　　　）

② 計画（　　　）

③ 作文（　　　）

④ 体育（　　　）

3 □に 当てはまる かん字を 書きましょう。

① □書□（としょしつ）へ 行く。

② えい□（が）を 見る。

③ □細□（たけざいく）を □（つく）る。

④ □（からだ）の サイズに 合った ふく。

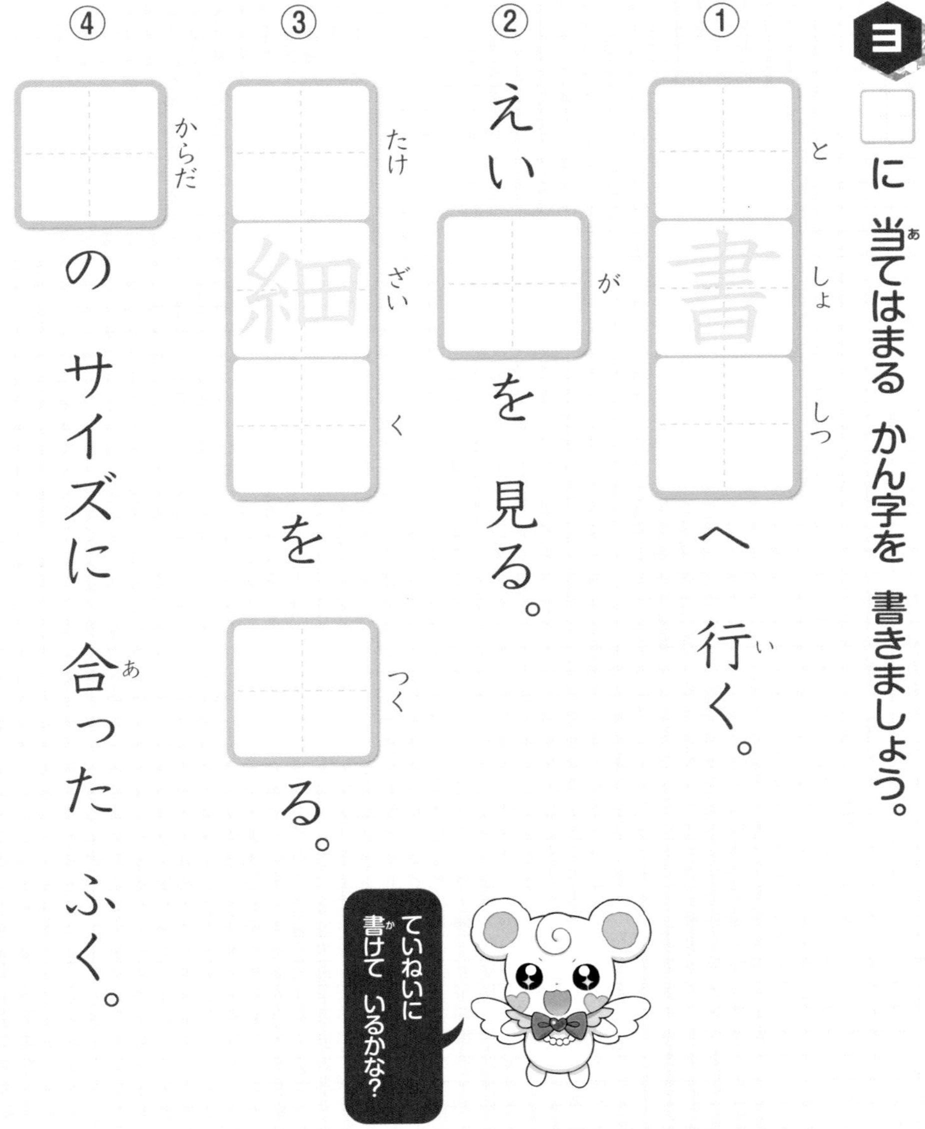

おしゃれの まめちしき

▼トップスと ボトムスが そろった ふくの ことを、セットアップと いうよ。

答え合わせを したら 25 の シールを はろう！

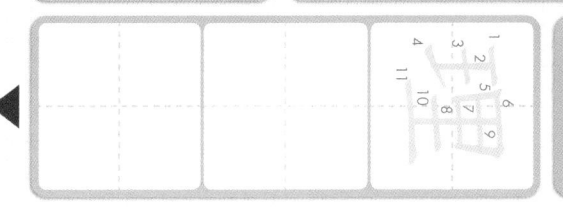

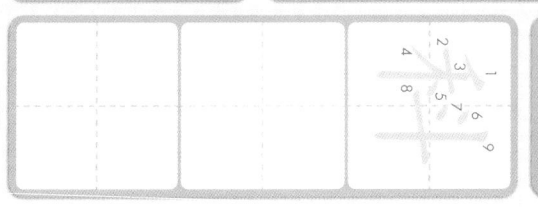

理・科・社・会

月　日

答え 94ページ

1 かん字の　れんしゅうを　しましょう。

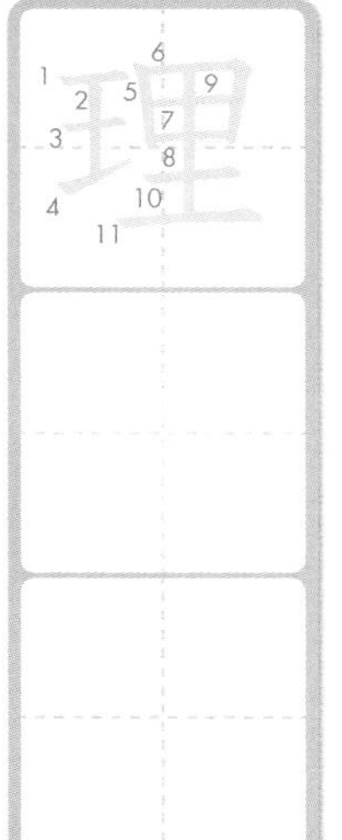

11画：一 丅 干 王 丮 玎 珂 玾 理 理 理

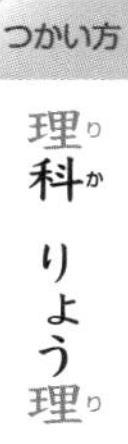

つかい方：理科（りか）　りょう理（り）

9画：一 二 千 禾 禾 禾 禾 科 科

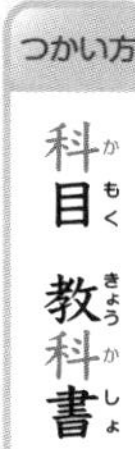

つかい方：科目（かもく）　教科書（きょうかしょ）

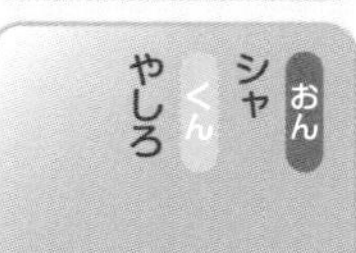

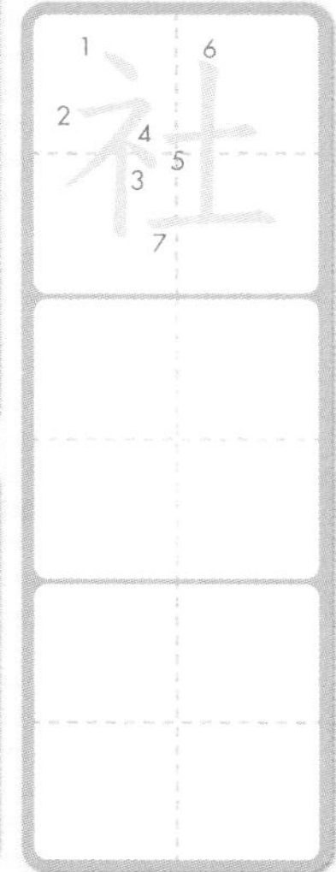

7画：丶 ラ ネ ネ ネ 社 社

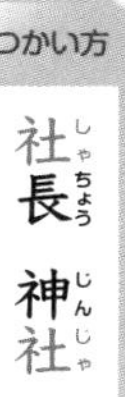

つかい方：社長（しゃちょう）　神社（じんじゃ）

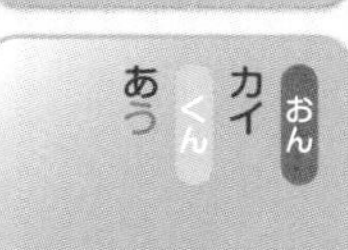

6画：ノ 人 𠆢 亼 会 会

つかい方：社会科（しゃかいか）　出会（であ）い

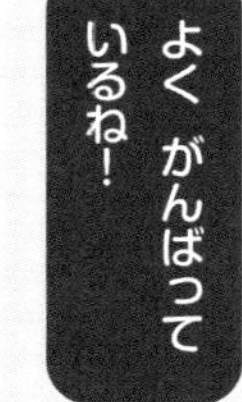

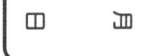

2 ▌線（せん）の かん字の 読（よ）みがなを 書（か）きましょう。

① **理科**（　　　　）

② **科目**（　　　　）

③ **社会科**（　　　　）

④ **運動会**（うんどうかい）（　　　　）

3 □に 当（あ）てはまる かん字を 書きましょう。

① おいしい りょう□（り）を 食（た）べる。

② 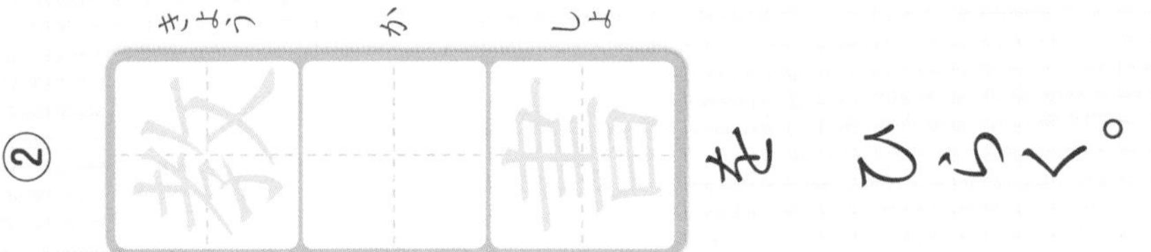 教（きょう）□（か）書（しょ）を ひらく。

③ 神（じん）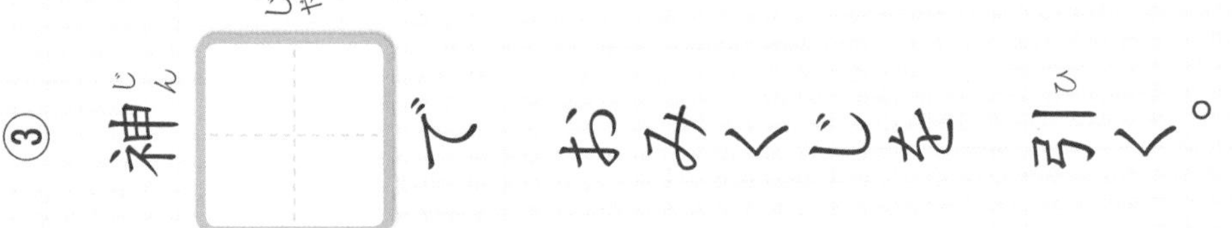（じゃ）で おみくじを 引（ひ）く。

④ 公園（こうえん）で、友（とも）だちに 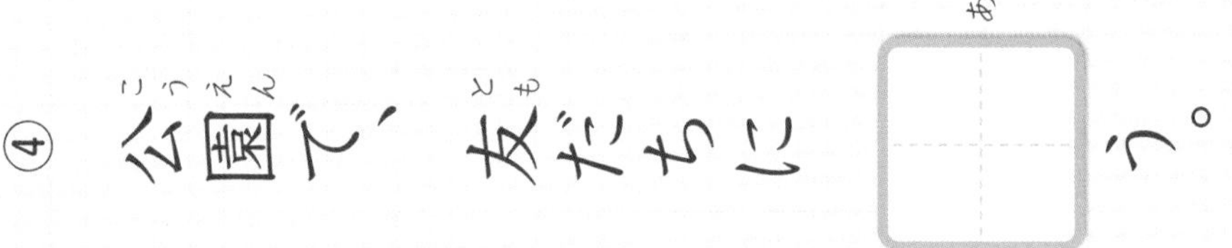（あ）う。

おしゃれのまめちしき ▶ウエストの いちで ベルトを しめると、スタイルが よく 見えるよ♪

答（こた）え合（あ）わせを したら 26の シールを はろう！

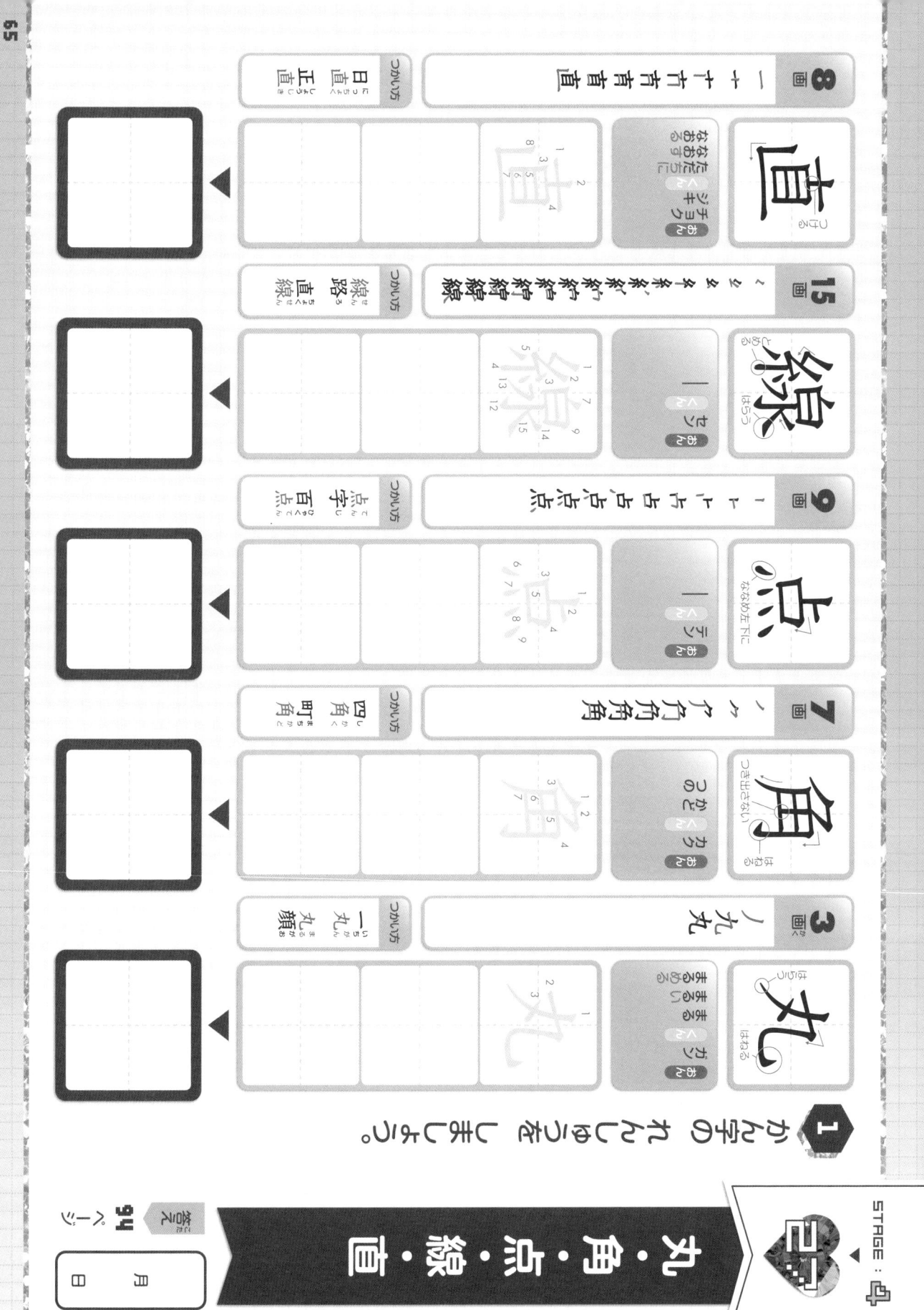

丸・角・点・線・直

答え 94ページ

月　日

1 かん字の れんしゅうを しましょう。

丸（はらう・はねる）
おん：ガン
くん：まる・まるい・まるめる
3画：ノ 九 丸
つかい方：一丸（いちがん）　丸顔（まるがお）

角（つき出さない・はねる）
おん：カク
くん：かど・つの
7画：ノ ⺈ 𠂊 ⺆ 角 角 角
つかい方：四角（しかく）　町角（まちかど）

点（ななめ左下に）
おん：テン
くん：－
9画：丨 ⺊ 卜 占 占 占 点 点 点
つかい方：点字（てんじ）　百点（ひゃくてん）

線（とめる・はらう）
おん：セン
くん：－
15画：𠃋 幺 幺 糸 糸 糸 糸 糸 糸 約 約 絈 絈 線 線
つかい方：線路（せんろ）　直線（ちょくせん）

直（つける）
おん：チョク・ジキ
くん：ただちに・なおす・なおる
8画：一 十 ナ 冇 有 有 直 直
つかい方：日直（にっちょく）　正直（しょうじき）

2 ──せんの かんじの 読(よ)みがなを 書(か)きましょう。

① 一丸（　　　）

★一丸…ひとまとまり

② 四角（　　　）

③ 点線（　　　）

④ 書き直す（　　　）

3 □に 当(あ)てはまる かんじを 書きましょう。

① □(まる)い 小石を あつめる。

② 紙(かみ)の □(かど)を かさねて おる。

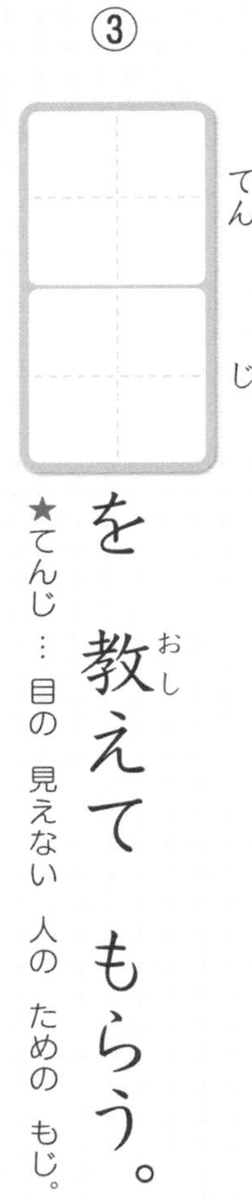

③ □□(てんじ)を 教(おし)えて もらう。

★てんじ…目の 見えない 人の ための もじ。

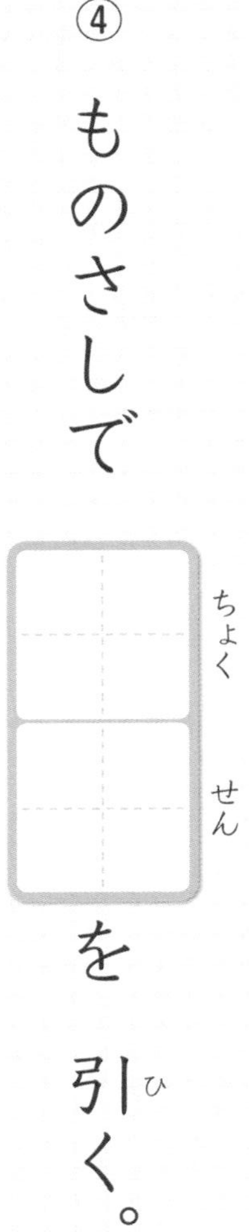

④ ものさしで □□(ちょくせん)を 引(ひ)く。

おしゃれのまめちしき ▶ バッグや ヘアアクセなど、小物(こもの)の 色(いろ)を そろえると、コーデが まとまりやすいよ♪

答(こた)え合(あ)わせを したら □の シールを はろう！

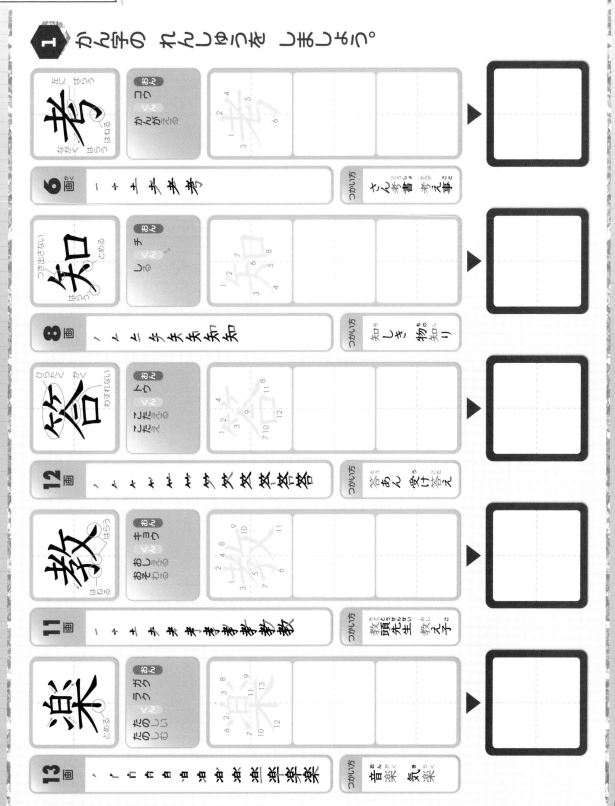

28日

考・知・答・教・楽

月　日

答え 94ページ

1 かん字の れんしゅうを しましょう。

考（左に はらう／ながく／はらう／はねる）
おん：コウ　くん：かんがえる
6画：一 十 土 耂 耂 考
つかい方：さん考書（さんこうしょ）　考え事（かんがえごと）

知（つき出さない／はらう／とめる）
おん：チ　くん：しる
8画：ノ 𠂉 ⺧ 午 矢 矢 知 知
つかい方：知しき（ちしき）　物知り（ものしり）

答（ひらたく／かく／わすれない）
おん：トウ　くん：こたえる／こたえ
12画：ノ 𠂉 𥫗 … 答
つかい方：答あん（とうあん）　受け答え（うけこたえ）

教（はねる／はらう）
おん：キョウ　くん：おしえる／おそわる
11画：一 十 土 耂 耂 考 孝 孝 孝 教 教
つかい方：教頭先生（きょうとうせんせい）　教え子（おしえご）

楽（とめる）
おん：ガク／ラク　くん：たのしい／たのしむ
13画：ノ 丿 白 … 楽
つかい方：音楽（おんがく）　気楽（きらく）

二 ▌線の かん字の 読みがなを 書きましょう。

① **知**しき （　　）

② **答**あん用紙 （　　）

③ **教頭**先生 （　　）

④ **音楽** （　　）

三 □に 当てはまる かん字を 書きましょう。

① よい □(かんが)えが うかぶ。

② 父は 物□(し)りで □(たの)しい 人だ。

③ テストの □(こた)え合わせを する。

④ 兄に かん字を □(おそ)わる。

おしゃれのまめちしき

▼ガーリーな 三つあみは、サイドで 一つに まとめる ことで、大人っぽく なるよ♡

こたえ合わせを したら 2日の シールを はろう!

STAGE：4

29

心・思・友・紙・記

月　日

答え 94ページ

1 かん字の　れんしゅうを　しましょう。

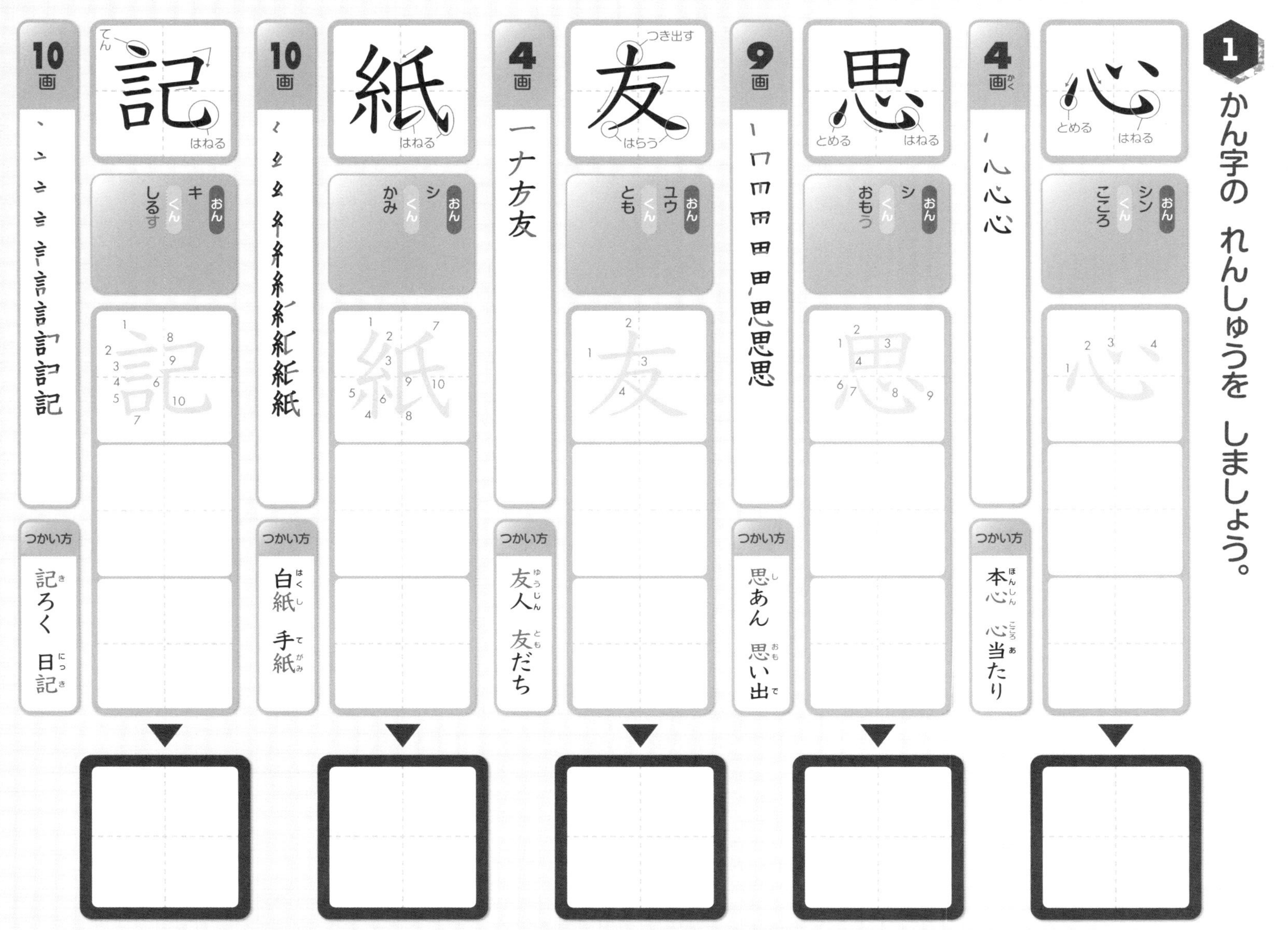

心
おん：シン
くん：こころ
4画：丶 心 心 心
つかい方：本心（ほんしん）　心当たり（こころあたり）

思
おん：シ
くん：おもう
9画：丨 冂 冂 冊 田 田 思 思 思
つかい方：思あん（しあん）　思い出（おもいで）

友
おん：ユウ
くん：とも
4画：一 ナ 方 友
つかい方：友人（ゆうじん）　友だち（ともだち）

紙
おん：シ
くん：かみ
10画：く 幺 幺 糸 糸 糸 糸 紅 紙 紙
つかい方：白紙（はくし）　手紙（てがみ）

記
おん：キ
くん：しるす
10画：丶 亠 亠 言 言 言 言 訁 訂 記
つかい方：記ろく（きろく）　日記（にっき）

二 ━線の かん字の 読みがなを 書きましょう。

① 本心（　　）

② 友人（　　）

③ 白紙（　　）

④ 記ろく（　　）

三 □に 当てはまる かん字を 書きましょう。

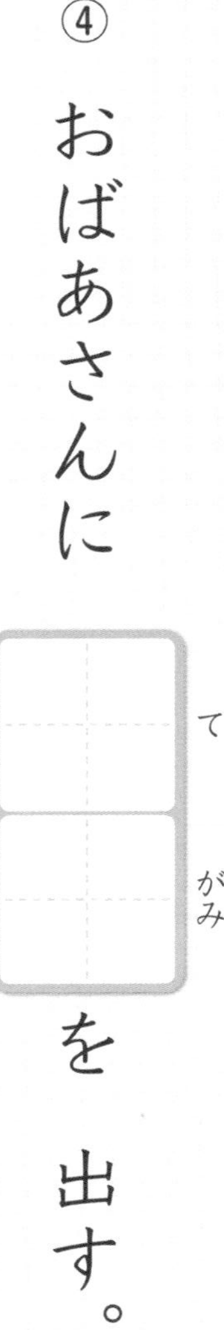

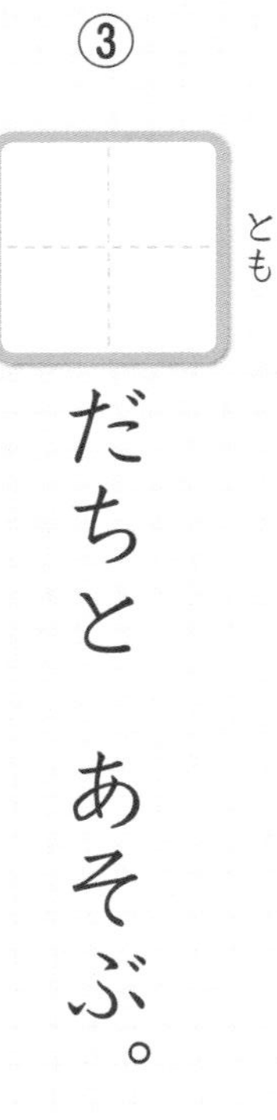

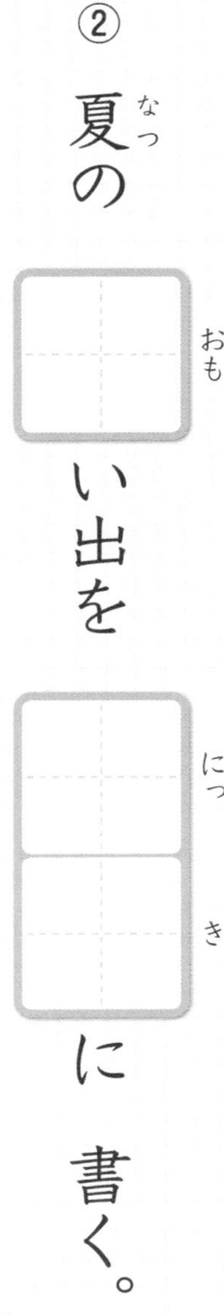

① □（こころ）を こめて 歌を 歌う。

② 夏の □（おも）い出を □□（にっき）に 書く。

③ □（とも）だちと あそぶ。

④ おばあさんに □□（てがみ）を 出す。

おしゃれの まめちしき

▼ 前がみを まっすぐ 切りそろえた ぱっつん 前がみは、目力アップに こうかあり！

答え合わせを したら 29の シールを はろう！

かん字の ふくしゅう④

月　日

答え 94ページ

1 ━線の かん字の 読みがなを 書きましょう。

① ねん土を 丸める。（　）

② 名前を 記入する。（　）

③ 花火に 点火する。（　）

④ 母は 会社員だ。（　）

⑤ 正直な 人。（　）

⑥ 三角形の パン。（　）

2 ━線の かん字の 読みがなを 書きましょう。

① 体そう（　）／体つき（　）

② アニメの 声ゆう。（　）／きれいな 歌声。（　）

三 □に 当てはまる かん字を 書きましょう。

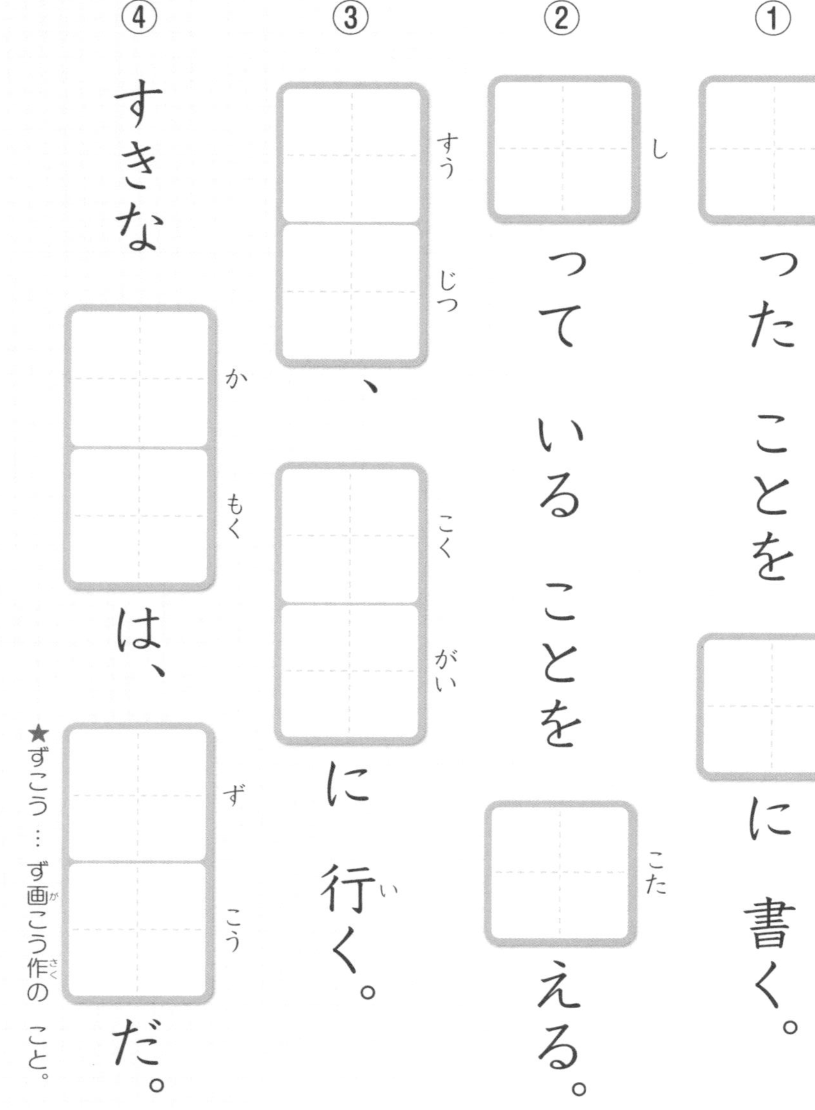

① □(おも)った ことを □(かみ)に 書く。

② □(し)って いる ことを □(こた)える。

③ □□(すうじつ)、□□(こくがい)に 行く。

④ すきな □□(かもく)は、□□(ずこう)だ。

★ずこう…図画工作の こと。

四 ―線の 言葉を、かん字と ひらがなで 書きましょう。

① 遠足は たのしい。（　　　）

② じっくり かんがえる。（　　　）

③ ただちに かたづける。（　　　）

おしゃれの まめちしき

▼ぱっつん前がみは カーラーで 内がわに カールさせると、一気に おしゃれに★

こたえ合わせを したら 三の シールを はろう！

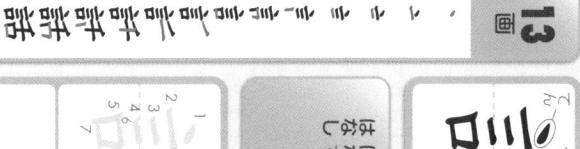

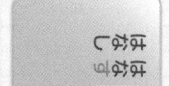

行・来・聞・話

月　日

答え 95ページ

1 かん字の　れんしゅうを　しましょう。

おん　コウ　ギョウ
くん　いく　ゆく　おこなう

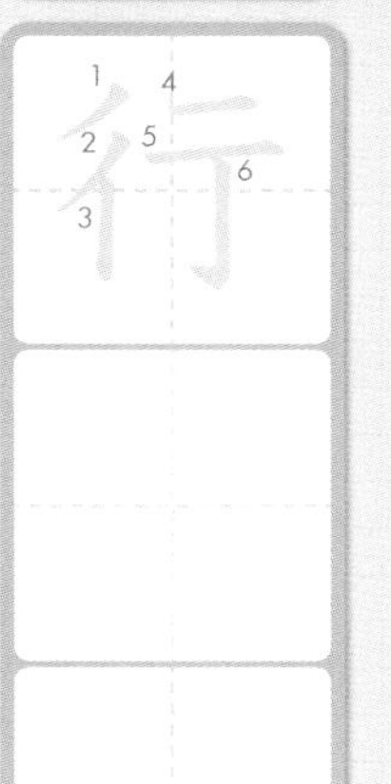

6画(かく)　丿 彳 彳 行 行 行

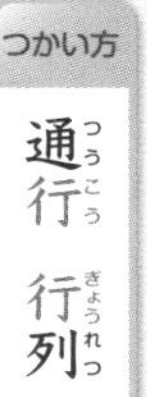

つかい方　通行(つうこう)　行列(ぎょうれつ)

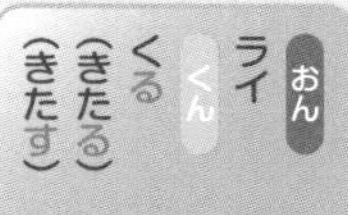

おん　ライ
くん　くる　(きたる)　(きたす)

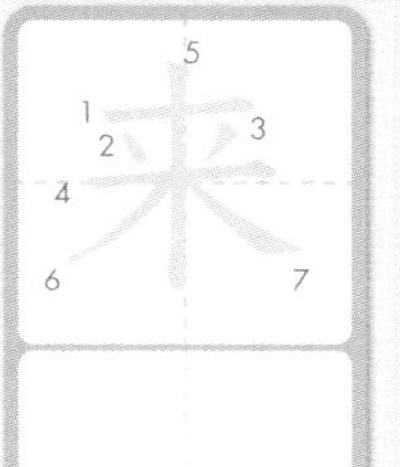

7画　一 厂 ㇖ 立 平 来 来

つかい方　来月(らいげつ)　来店(らいてん)

おん　ブン
くん　きく　きこえる

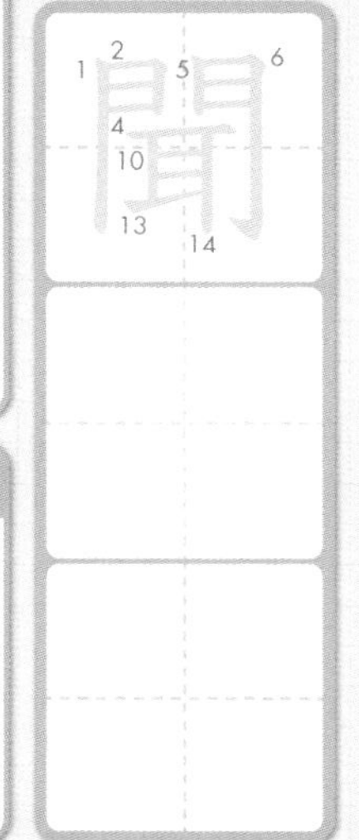

14画　丨 ｢ ｢ 𠁣 門 門 門 門 門 門 門 閆 聞 聞

つかい方　新聞(しんぶん)　聞(き)き手(て)

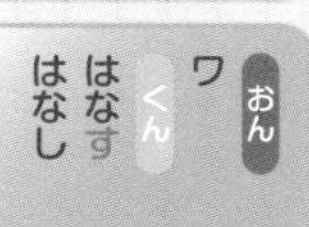

おん　ワ
くん　はなす　はなし

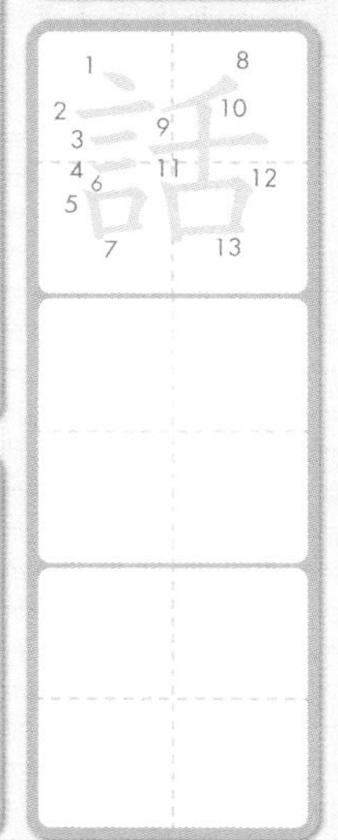

13画　丶 亠 亖 言 言 言 言 訁 訁 訐 訐 話 話

つかい方　会話(かいわ)　立(た)ち話(ばなし)

2 ━線(せん)の かん字の 読(よ)みがなを 書(か)きましょう。

① 通(つう)行 （　　　）　③ 新聞 （　　　）

② 来店 （　　　）　④ 会話 （　　　）

3 □に 当(あ)てはまる かん字を 書(か)きましょう。

① ピアノ教室(きょうしつ)に □(い)く。

② 先生から れんらくが □(く)る。

③ 妹(いもうと)の たのみを □(き)く。

④ 友(とも)だちと おしゃれに ついて □(はな)す。

おしゃれの まめちしき

▶ ゆかたとは、日本の でんとうてきな ふくの 一つ。夏(なつ)まつりに きて いこう！

答(こた)え合(あ)わせを したら ①の シールを はろう！

食・通・帰・読・書

答え 95ページ

月　日

1 かん字の　れんしゅうを　しましょう。

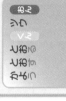

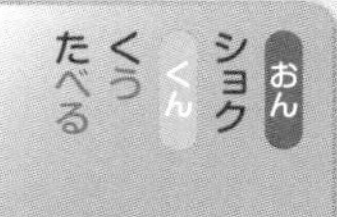

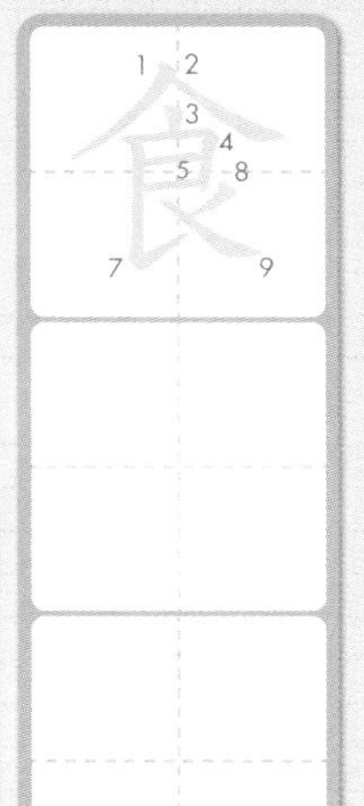

9画

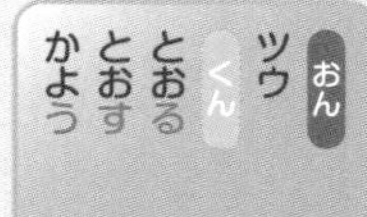

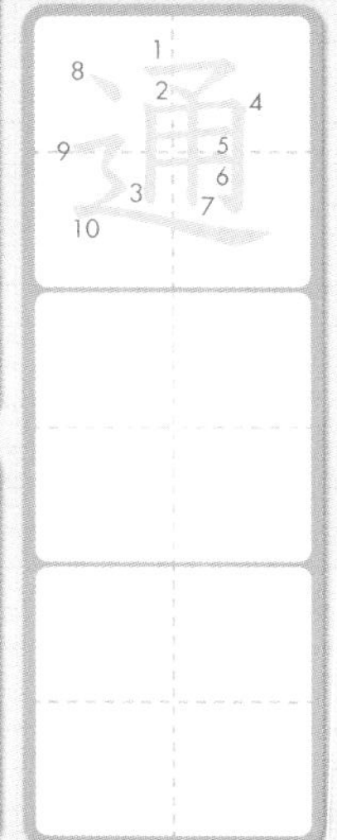

10画

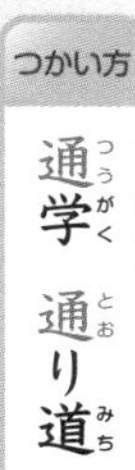

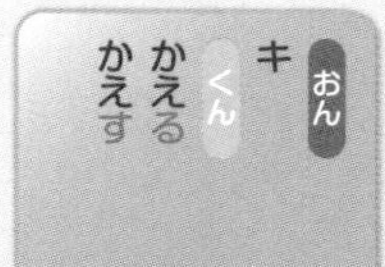

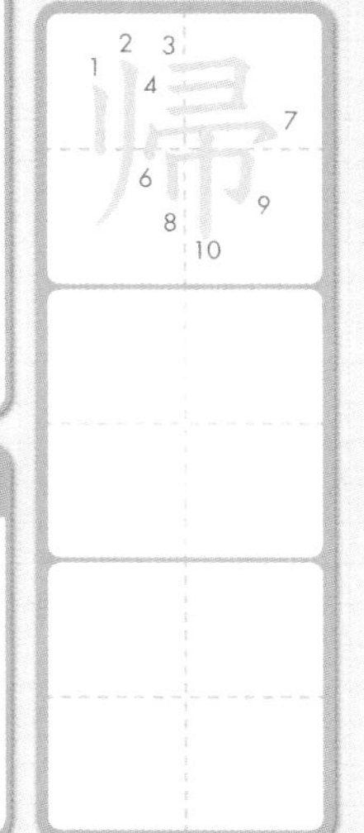

10画

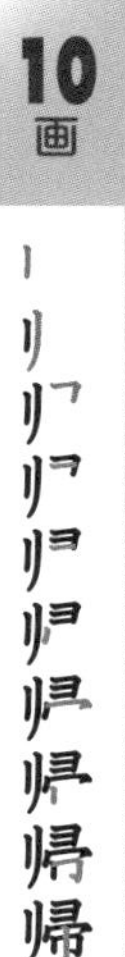

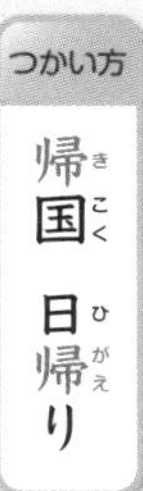

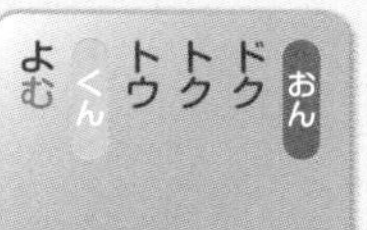

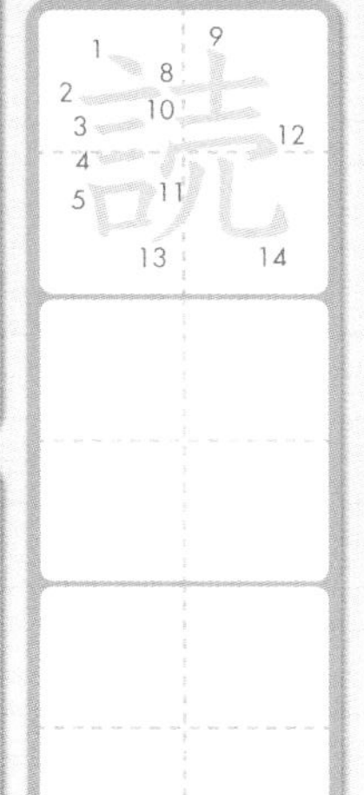

14画

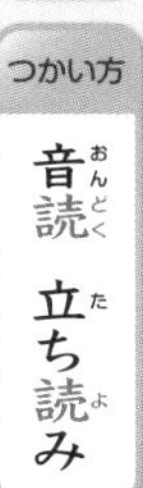

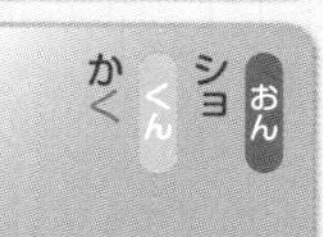

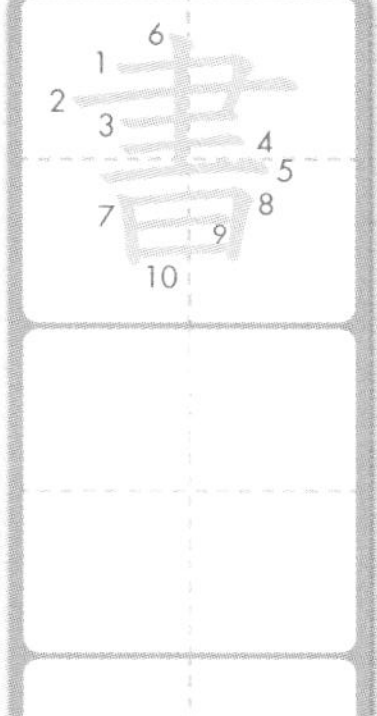

10画

フ ㇋ ヨ 亖 圭 圭 聿 書 書 書

つかい方
読書（どくしょ）　下書（したが）き

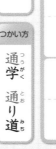

2 ━━線の かん字の よみがなを かきましょう。

① 朝食（　　　　）　② 通学（　　　　）

③ 音読（　　　　）　④ 図書館（　　　　）

3 □に 当てはまる かん字を かきましょう。

① オムライスを □（た）べる。

② ならいごとに □（かよ）う。

③ デパートの 前を □（とお）って □（かえ）る。

④ □（よ）んだ 本の かんそう文を □（か）く。

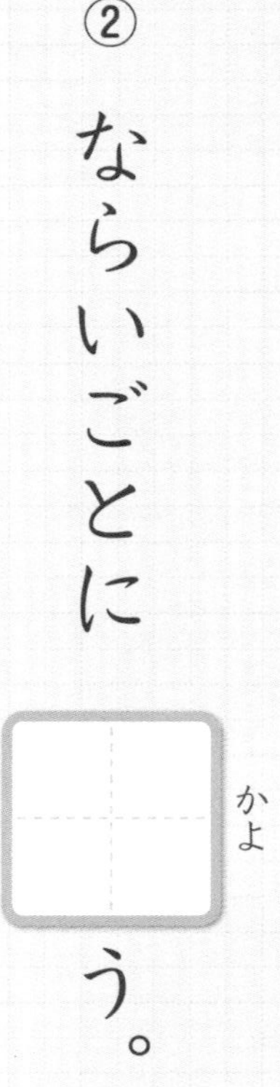

おしゃれの まめちしき
▶おだんごから かみを 少し 引き出して、ふわっと させると おしゃれど アップ★

答え合わせを したら ヨコの シールを はろう！

STAGE：5

33

用・同・何・売・買

答え 95ページ

月　日

1 かん字の れんしゅうを しましょう。

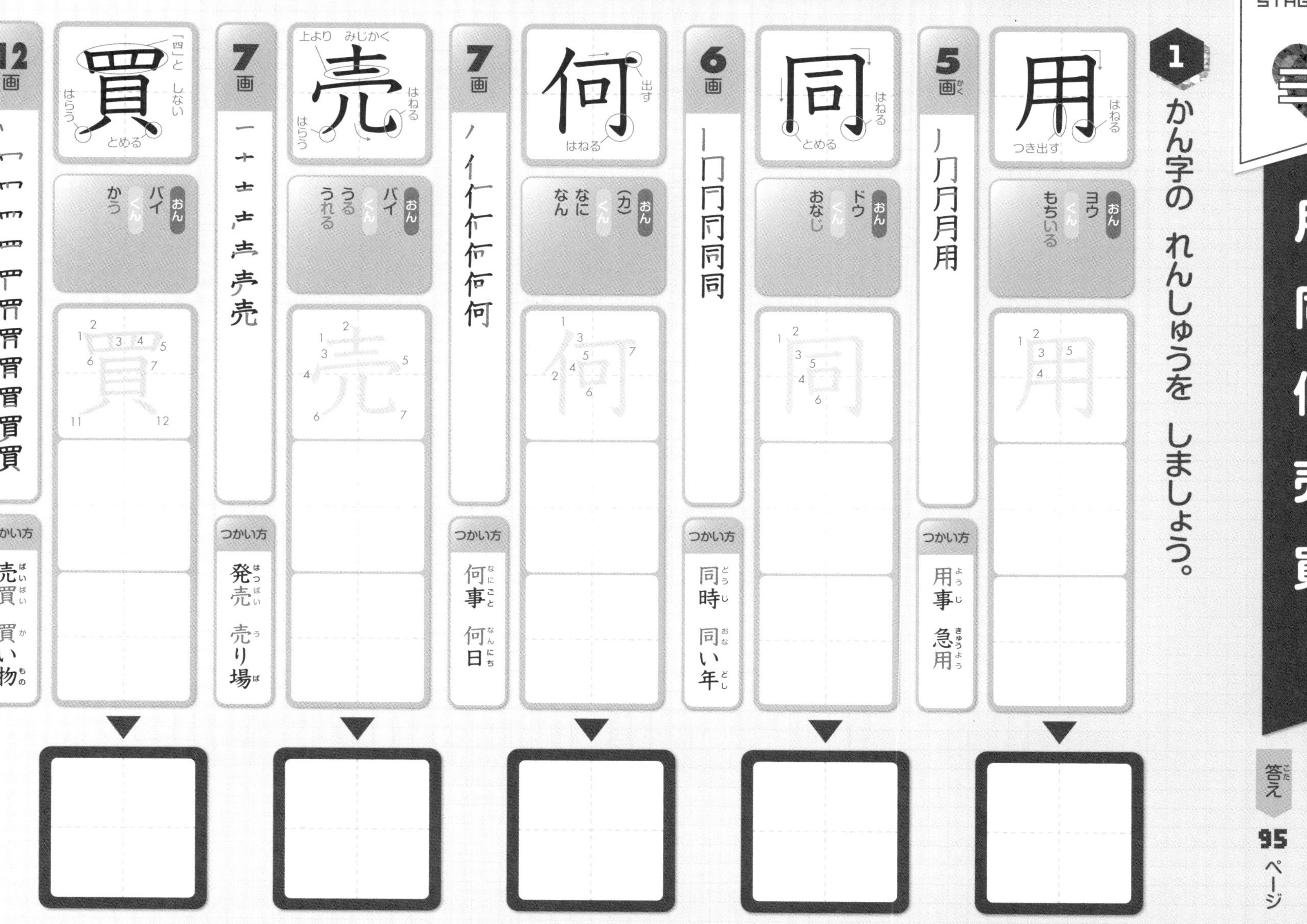

用（はねる・つき出す）
おん：ヨウ
くん：もちいる
5画：丿 冂 月 月 用
つかい方：用事（ようじ）　急用（きゅうよう）

同（はねる・とめる）
おん：ドウ
くん：おなじ
6画：丨 冂 冂 同 同 同
つかい方：同時（どうじ）　同い年（おないどし）

何（出す・はねる）
おん：（カ）
くん：なに　なん
7画：丿 亻 仁 仃 何 何 何
つかい方：何事（なにごと）　何日（なんにち）

売（上より みじかく・はねる・はらう）
おん：バイ
くん：うる　うれる
7画：一 十 士 吉 声 声 売
つかい方：発売（はつばい）　売り場（うりば）

買（「四」と しない・はらう・とめる）
おん：バイ
くん：かう
12画：丶 冂 冂 冂 罒 罒 冒 冒 冒 買 買 買
つかい方：売買（ばいばい）　買い物（かいもの）

2 ――線の かん字の 読みがなを 書きましょう。

① 急用（　　）
② 同時（　　）
③ 何日（　　）
④ 売買（　　）

3 □に 当てはまる かん字を 書きましょう。

① ペンを □（もち）いて 名前を 書く。
★もちいる…つかう

② □（おな）じ クラスの 友だち。

③ □（なに）事も 全力で チャレンジする。

④ おもちゃ □（う）り場で □（か）う。

おしゃれの まめちしき
▼
女の子が ゆかたを きる ときは、自分から 見て 左の えりを 上に かさねるよ。

答え合わせを したら ヨヨ の シールを はろう！

太・細・走・歩・合

答え 95ページ

月　日

1 かん字の　れんしゅうを　しましょう。

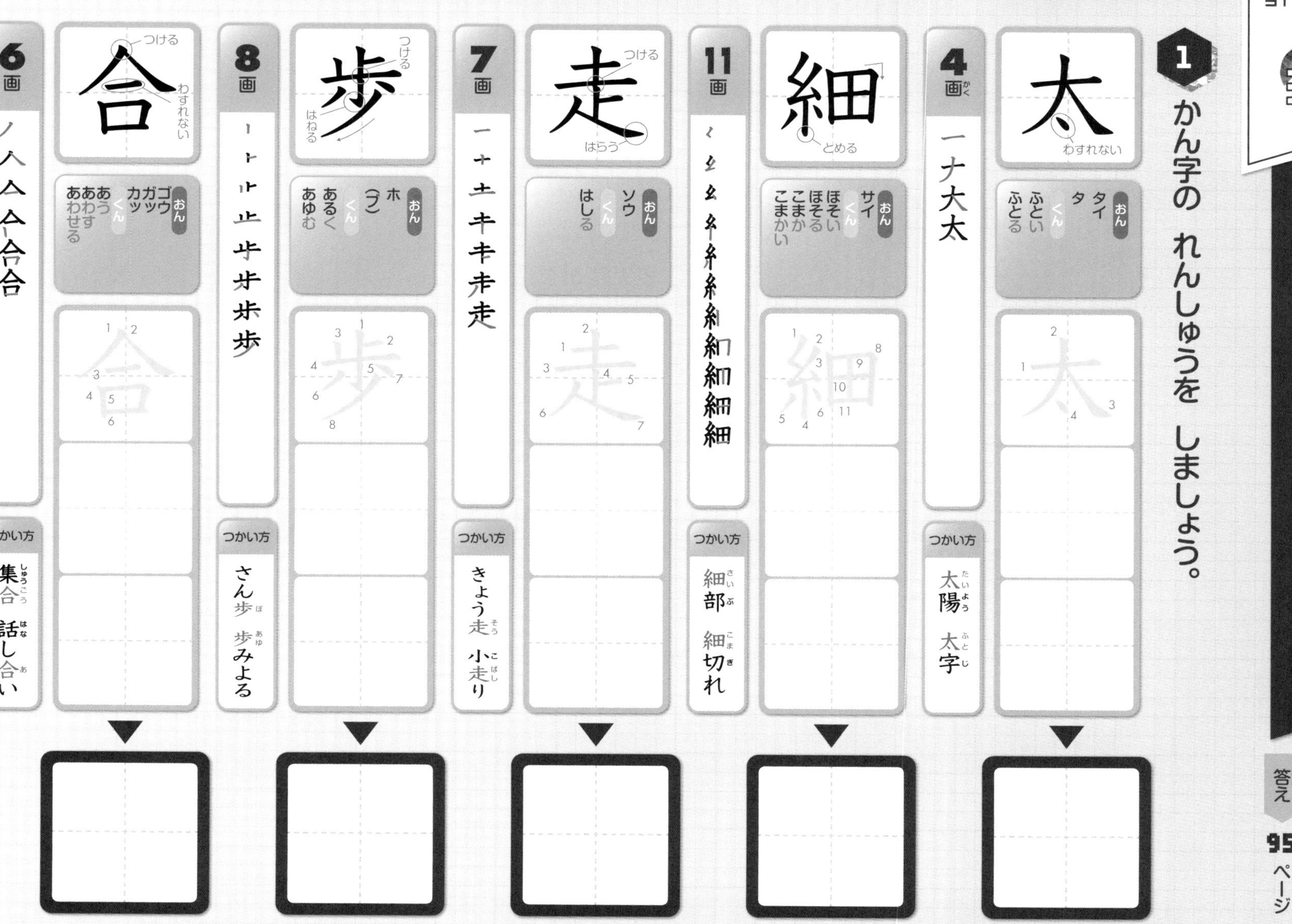

太（わすれない）
おん：タイ　タ
くん：ふとい　ふとる
4画：一ナ大太
つかい方：太陽（たいよう）　太字（ふとじ）

細（とめる）
おん：サイ
くん：ほそい　ほそる　こまか　こまかい
11画：く幺幺糸糸糸糸糸細細細
つかい方：細部（さいぶ）　細切れ（こまぎれ）

走（つける・はらう）
おん：ソウ
くん：はしる
7画：一十土キキ赤走
つかい方：きょう走（そう）　小走り（こばしり）

歩（つける・はねる）
おん：ホ　(ブ)
くん：あるく　あゆむ
8画：丨 ト 止 止 步 步 歩 歩
つかい方：さん歩（ぽ）　歩みよる（あゆみよる）

合（つける・わすれない）
おん：ゴウ　ガッ　カッ
くん：あう　あわす　あわせる
6画：ノ 人 人 合 合 合
つかい方：集合（しゅうごう）　話し合い（はなしあい）

2 ▌線の かん字の 読みがなを 書きましょう。

① 太▌陽（　　）　（　　）

② 細▌部（　　）　（　　）

★細部…こまかい ところ。

③ きょう走▌（　　）

④ さん歩▌（　　）

3 □に 当てはまる かん字を 書きましょう。

① □(ふと)いぺんと □(ほそ)いぺん。

② 犬と いっしょに □(はし)る。

③ ショッピングセンターまで □(ある)く。

④ 集(しゅう)□(ごう)して 話(はな)し□(あ)う。

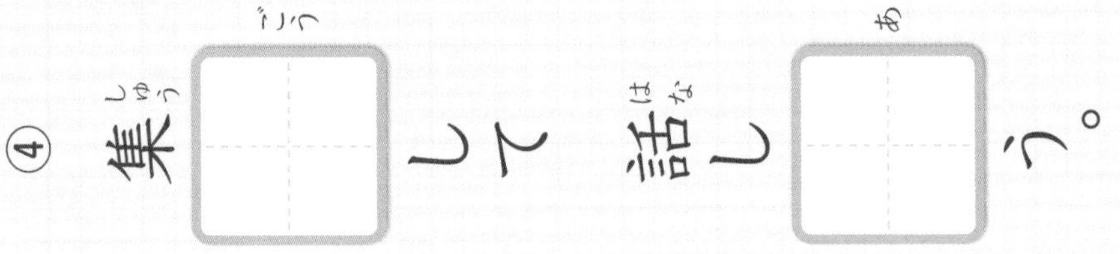

おしゃれの まめちしき ▶ ゆかたを こてい する ぬのの おびは、ゆかたに 合わせて 色を えらぼう！

答えあわせを したら ヨのシールを はろう！

多・少・万・元・才

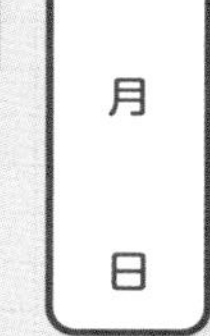

答え 96ページ

1 かん字の れんしゅうを しましょう。

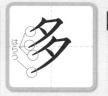

多（はらう）
おん：タ
くん：おおい
6画：ノ ク タ タ 多 多
つかい方：多数（たすう） 多用（たよう）

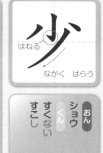

少（はねる・ながく・はらう）
おん：ショウ
くん：すくない・すこし
4画：亅 小 小 少
つかい方：少女（しょうじょ） 多少（たしょう）

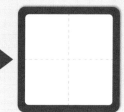

万（はらう・はねる）
おん：マン・(バン)
くん：—
3画：一 ㄱ 万
つかい方：万年筆（まんねんひつ） 百万円（ひゃくまんえん）

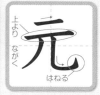

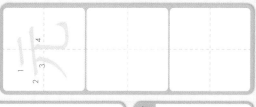

元（上より・ながく・はねる）
おん：ゲン・ガン
くん：もと
4画：一 二 テ 元
つかい方：元気（げんき） 地元（じもと）

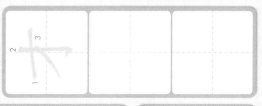

才（すこし 出す・はねる）
おん：サイ
くん：—
3画：一 寸 才
つかい方：才のう（さいのう） 多才（たさい）

2 線(せん)の かん字の 読(よ)みがなを 書(か)きましょう。

① 多少（　　　）

② 万年筆(ひつ)（　　　）

③ 元気（　　　）

④ 才のう（　　　）

3 □に 当(あ)てはまる かん字を 書きましょう。

① ビーズの 数(かず)が □(おお)い。

② パンを □(すこ)し 食(た)べる。

③ 本を □(もと)の たなに もどす。

④ □□(いちまん)人に 一人の □□(てんさい)。

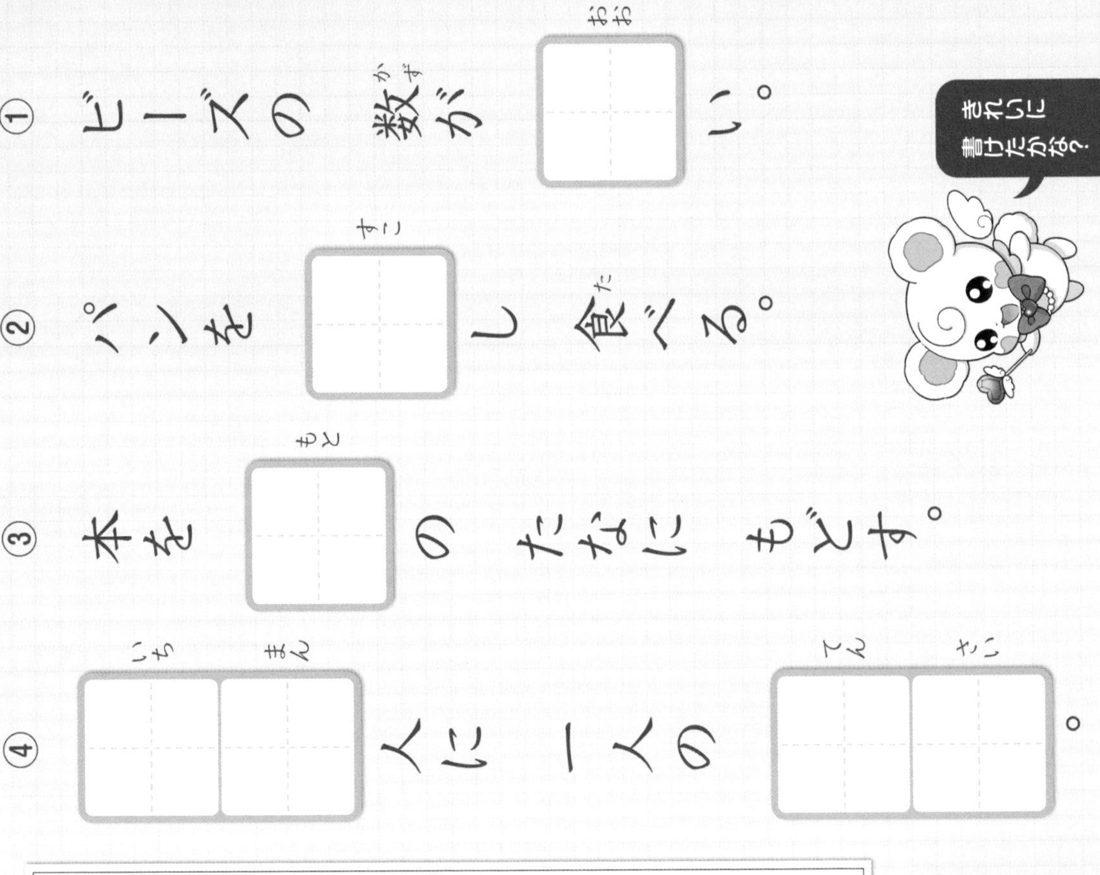

おしゃれの まめちしき

▶ ゆかたの おびを とめる ために、おびもを おびの 上から かさねる ことが あるよ。

答(こた)え合(あ)わせを したら 135の シールを はろう！

言・止・当・組・回

月　日

答え 96ページ

1 かん字の れんしゅうを しましょう。

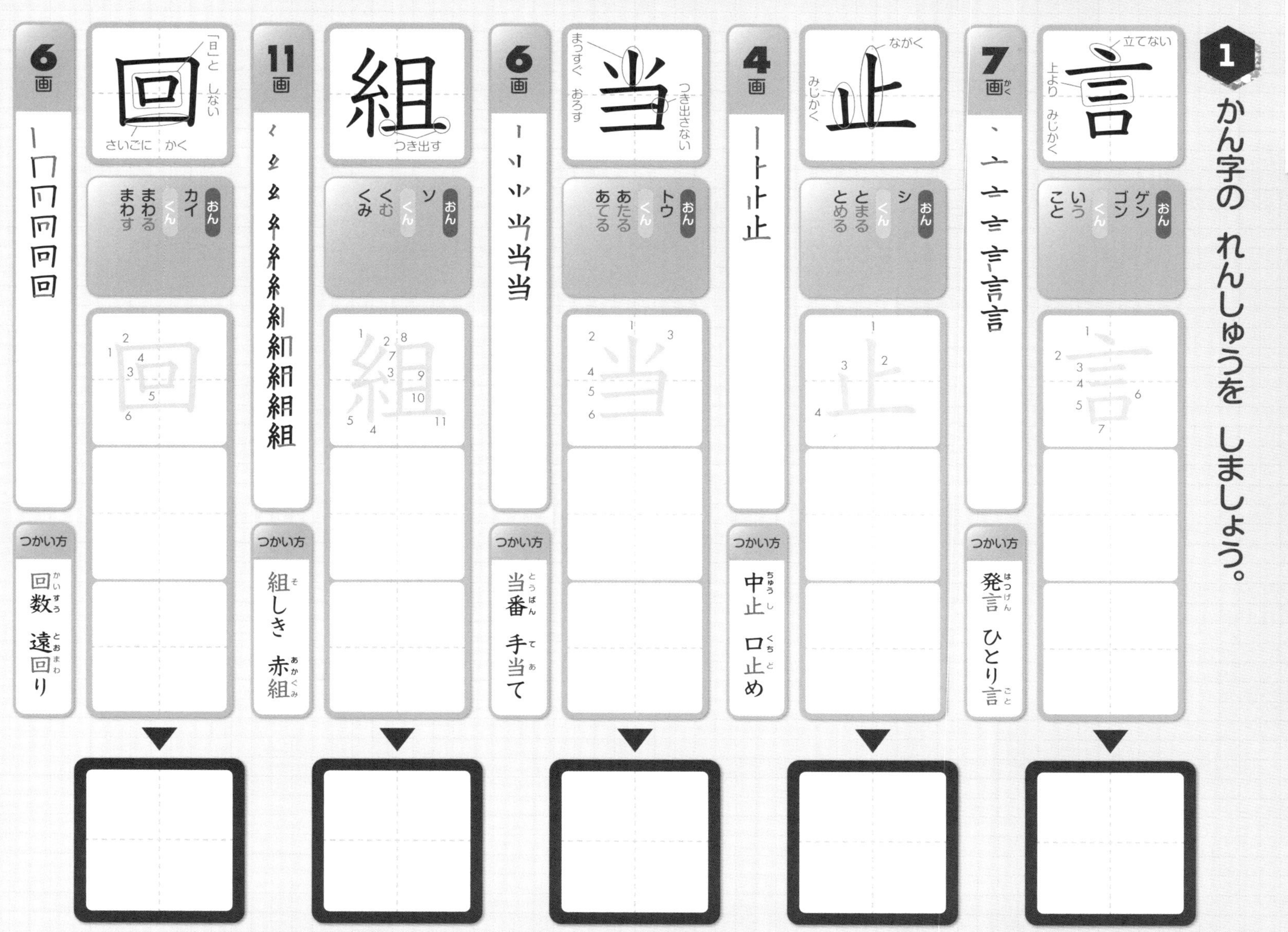

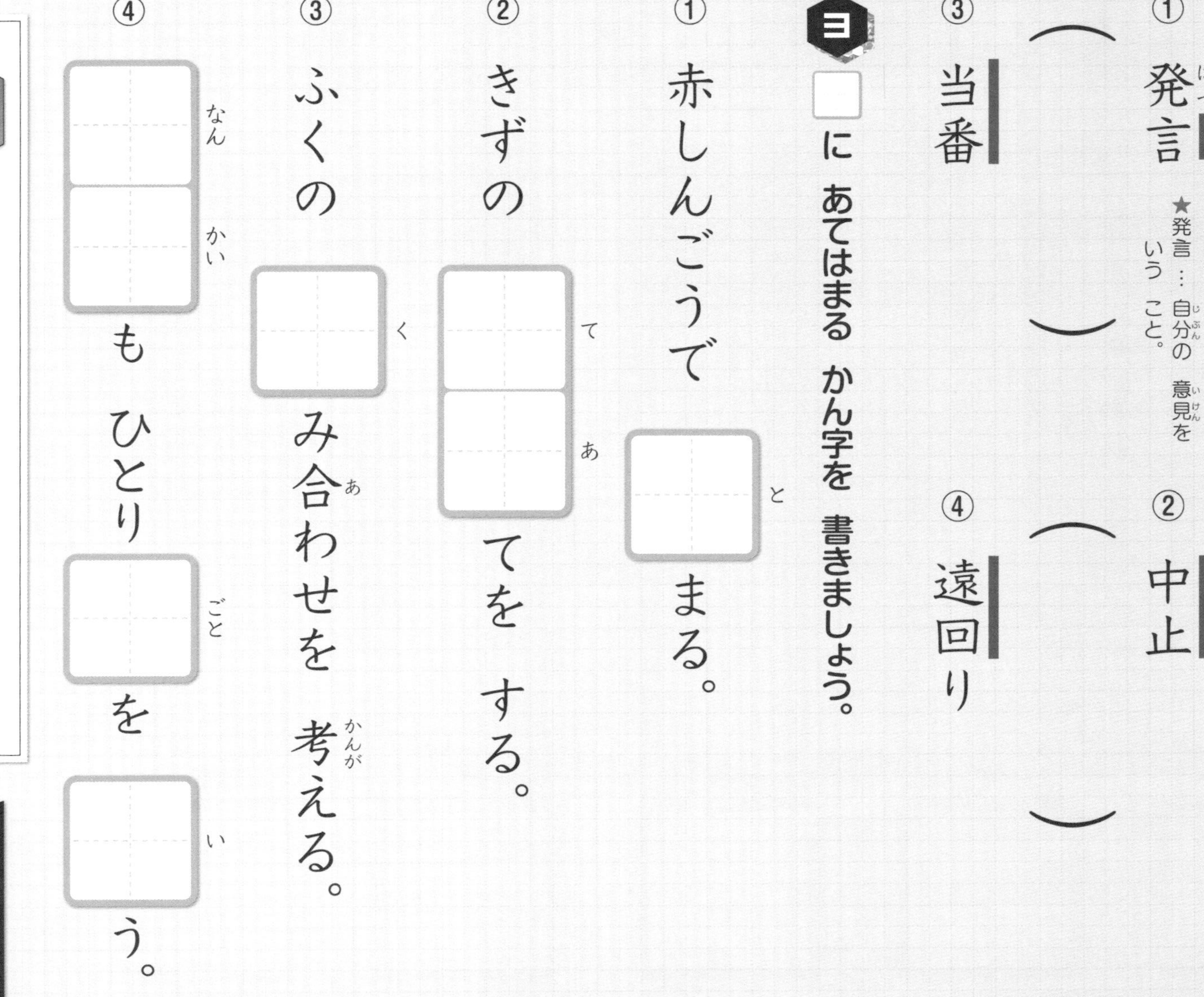

2 ＿線の かん字の 読みがなを 書きましょう。

① 発言（　　　）
★発言…自分の 意見を いう こと。

② 中止（　　　）

③ 当番（　　　）

④ 遠回り（　　　）

3 □に あてはまる かん字を 書きましょう。

① 赤しんごうで □まる。

② きずの □□てを する。

③ ふくの □み合わせを 考える。

④ □□も ひとり□を □う。

おしゃれの まめちしき

ゆかたには、かごや ぬのなど、すずしげな そざいの かばんが ぴったり◎

答え合わせを したら 3日の シールを はろう！

STAGE：5

37

刀・弓・矢・切・引

月　日

答え 96ページ

1 かん字の れんしゅうを しましょう。

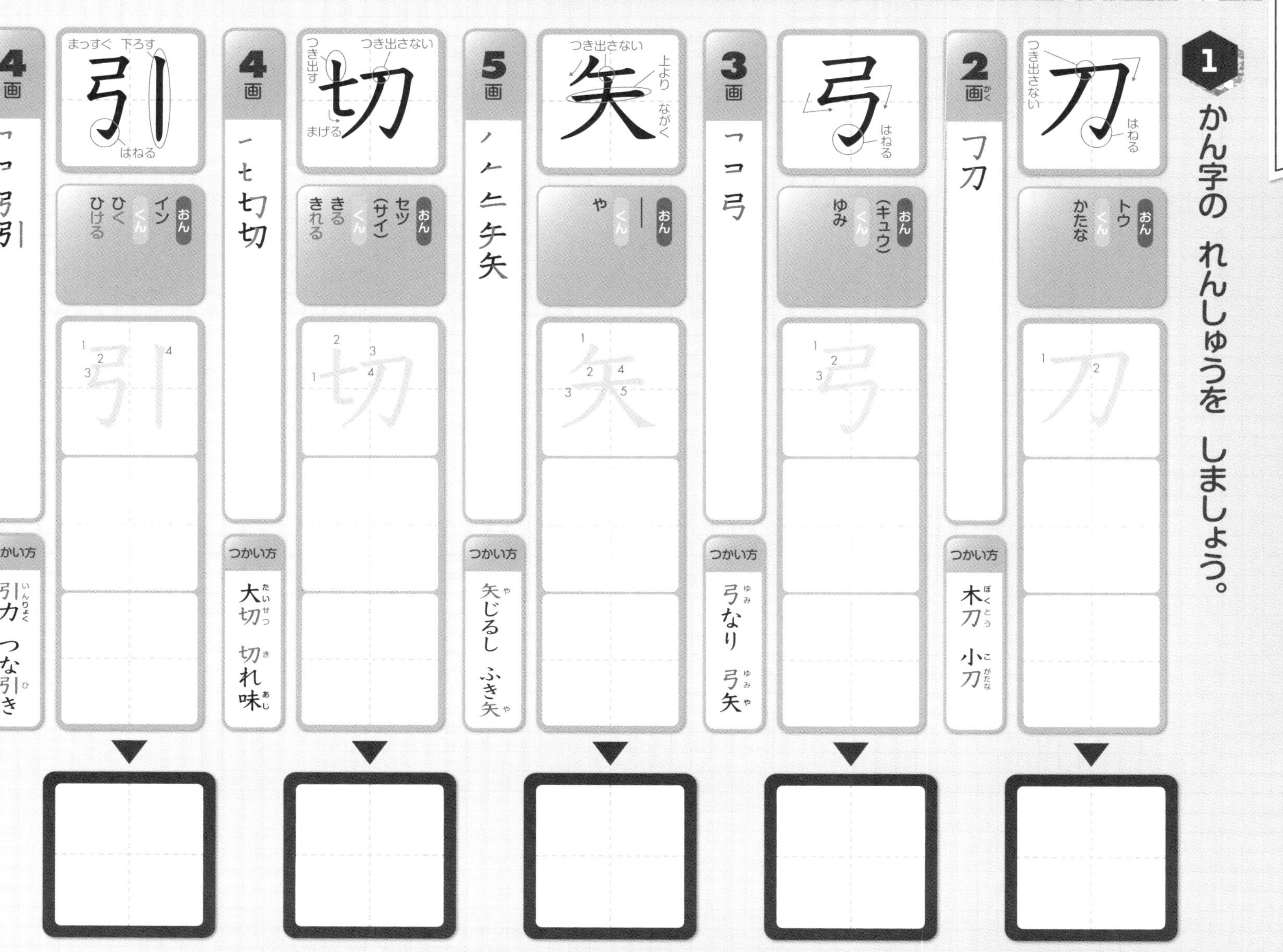

刀（2画）
- おん：トウ
- くん：かたな
- 書きじゅん：フ 刀
- つかい方：木刀（ぼくとう）　小刀（こがたな）
- つき出さない　はねる

弓（3画）
- おん：（キュウ）
- くん：ゆみ
- 書きじゅん：フ コ 弓
- つかい方：弓なり（ゆみなり）　弓矢（ゆみや）
- はねる

矢（5画）
- おん：—
- くん：や
- 書きじゅん：ノ ㇐ 𠂉 矢 矢
- つかい方：矢じるし（やじるし）　ふき矢（ふきや）
- つき出さない　上より ながく

切（4画）
- おん：セツ（サイ）
- くん：きる　きれる
- 書きじゅん：一 七 切 切
- つかい方：大切（たいせつ）　切れ味（きれあじ）
- つき出す　つき出さない　まげる

引（4画）
- おん：イン
- くん：ひく　ひける
- 書きじゅん：フ コ 弓 引
- つかい方：引力（いんりょく）　つな引き（つなひき）
- まっすぐ 下ろす　はねる

2 ＿線(せん)の かん字の 読(よ)みがなを 書(か)きましょう。

① ＿木刀＿（　　　）
★木刀…木で 作(つく)った かたな。

② ＿弓矢＿（　　　）

③ ＿大切＿（　　　）

④ ＿引力＿（　　　）
★引力…ものと ものとが ひき合(あ)う ちから。

3 □に 当(あ)てはまる かん字を 書きましょう。

① 体(からだ)を □(ゆみ)なりに そらす。
★ゆみなり…丸(まる)く そった 形(かたち)。

② おもちゃの ふき□(や)を 作(つく)る。

③ 妹(いもうと)の 手を □(ひ)いて 歩(ある)く。

④ よく □(き)れる □□(こがたな)。

おしゃれの まめちしき

▼ ゆかたを きた ときは、きくずれないように いつもより 小さい 歩(ほ)はばで 歩(ある)こう。

答(こた)え合(あ)わせを したら ヨの シールを はろう！

かん字の ふくしゅう⑤

月　日

答え 96ページ

1 ━線の かん字の 読みがなを 書きましょう。

① えきの 売店。（　）

② 代金の 合計。（　）

③ 古い 弓矢。（　）

④ 多数決で きめる。（　）

⑤ 牛肉の 細切れ。（　）

⑥ 毎日、読書する。（　）

2 ━線の かん字の 読みがなを 書きましょう。

① 元たん（　）
火の元に ちゅうい。（　）

★元たん…一月一日の 朝の こと。
★火の元…火の ある ところ。

② 何も 知らない。（　）
何回も 言う。（　）

3 □に あてはまる かん字を 書(か)きましょう。

① 小鳥(ことり)が 木の実(み)を □(た)べに □(く)る。

② □(おな)じ □(くみ)の 子と □(はな)す。

③ 母(はは)と □(か)い物(もの)へ □(い)く。

④ 毎朝(まいあさ)、□(すこ)しだけ □(はし)って いる。

4 ━線(せん)の 言葉(ことば)を、かん字と ひらがなで 書きましょう。

① たからくじが ━あたる。（　　　）

② 早めに 家(いえ)に ━かえる。（　　　）

③ 力を ━あわせる。（　　　）

おしゃれの まめちしき

▶ ゆかたに あわせる かみかざりは、お花か かんざしを つかうのが ていばんだよ♡

答(こた)えあわせを したら 3日目の シールを はろう！

答えとアドバイス

おうちの方へ

間違えた問題は、見直しをしてしっかり理解するようにしましょう。

1 牛・馬・鳥・羽・毛 13〜14ページ

2 ①ぎゅう ②ばしゃ ③はくちょう ④もう

3 ①子牛 ②馬 ③小鳥・羽 ④毛

アドバイス **2** ③「白鳥」は、「しらとり」と読むこともあります。

3 ④「毛」は、形の似た「手」と間違えないように注意しましょう。

2 頭・顔・首・父・母 15〜16ページ

2 ①せんとう ②がん ③しゅ ④ふぼ

3 ①頭 ②顔 ③首 ④父・母

アドバイス **3** ①「頭」、②「顔」は体の部分を表す漢字で、右側の部分が同じであることに注目しましょう。

3 親・兄・姉・弟・妹 17〜18ページ

2 ①しん ②あね ③きょうだい ④いもうと

3 ①親子 ②親 ③兄・姉 ④弟・妹

アドバイス 「親」「兄」「姉」「弟」「妹」は、「父」「母」とともに、家族を表す漢字としてまとめて覚えましょう。

2 ④「いもおと」と書かないように注意しましょう。

4 米・麦・肉・魚・茶 19〜20ページ

2 ①はくまい ②むぎちゃ ③にく ④きんぎょ

3 ①米 ②小麦・肉 ③魚 ④新茶

アドバイス 「米」「麦」「肉」「魚」「茶」は、どれも食べ物を表す漢字として、まとめて覚えましょう。

5 船・汽・電・自・鳴 21〜22ページ

2 ①せん ②きしゃ ③じ ④めい

3 ①船 ②汽・鳴 ③電車 ④自

アドバイス **3** ②「汽」の右側を、「気」と書かないように注意しましょう。

6 家・公・園・交・番 23～24ページ

2 ①や ②こうえん ③こう ④ばん

3 ①家 ②公 ③園 ④交

アドバイス **3** ①「家」も④「交」も一画目は縦に短く書くことに注意。

7 かん字の ふくしゅう① 25～26ページ

1 ①ぎゅうにく ②ずじょう ③くび ④はおと ⑤おやこ ⑥ふな

2 ①がん・かお ②もう・けいと

3 ①姉・母 ②弟・妹 ③父・魚 ④家・公園

4 ①自ら ②交わる ③鳴らす

アドバイス **1** ④「羽音」は「はねおと」、⑥「船（旅）」は「ふね（たび）」と読まないように注意。

4 送り仮名を、①「自ら」は「自から」、②「交わる」は「交る」などと間違えないようにしましょう。

8 寺・道・店・市・場 27～28ページ

2 ①じ ②しゃどう ③てん ④しちょうそん

3 ①山寺 ②店・道 ③朝市 ④場

アドバイス **3** ②「店」も③「市」も一画目は縦に短く書くことに注意。②「道」の「辶（しんにょう）」は、「、 ⺀ 辶」と三画で書きます。

9 室・里・京・門・戸 29～30ページ

2 ①しつ ②り ③きょう ④いっこ

3 ①室内 ②山里 ③正門 ④戸

アドバイス **3** ①「室」の一画目は縦に短く書きます。③「門」は書き順に注意しましょう。④「戸」の一画目は横に短めに引きます。

10 東・西・南・北・方 31～32ページ

2 ①ひがしにほん ②せい ③なん ④ほっ

3 ①東西 ②南 ③北国 ④西・方角

アドバイス 「東」「西」「南」「北」という方角を表す漢字を、まとめて覚えましょう。

3 ①「西」の五画目は、かたかなの「ハ」の右側のようにまっすぐにしないで、下ろして右に曲げます。②「南」の「𢆉」は「半」としないように注意しましょう。

11 地・海・原・野・黄 33～34ページ

2 ①ち ②かいすい ③げん ④おうど

3 ①地 ②海 ③野原・野草 ④黄色

アドバイス **3** ②「海」の「毎」の部分を「母」としないように注意。④「黄」の「由」の部分を「田」としないように注意。

12 池・谷・岩・星・黒 35～36ページ

2 ①でんち ②たに ③がんせき ④かせい

3 ①池 ②岩 ③星空 ④黒

アドバイス **2** ①「電池」の「池」は同じ部分を持つ「地」と同じく、「チ」と音読みします。
3 ③「星」は「日から生まれた星」と覚えるとよいでしょう。

13 晴・雲・雪・風・台 37～38ページ

2 ①せいてん ②うんかい ③せつげん ④たいふう

3 ①晴 ②雪 ③風・雲 ④台

アドバイス **3** ③「風」の中の部分を「虫」としないように注意しましょう。

14 かん字の ふくしゅう② 39～40ページ

1 ①と ②しつ ③たにがわ ④とうきょう ⑤もんてん ⑥だいち

2 ①ほう・かた ②せつげん・ゆきやま

3 ①海・岩 ②晴・星 ③魚市場

4 ①北 ②東 ③南 ④西

アドバイス **1** ③「谷川」は「たにがわ」と濁って読むことに注意しましょう。⑤「せん門店」は、時計や子供服など、特定の分野の商品を取り扱う店のことです。

15 春・夏・秋・冬・色 41～42ページ

2 ①しゅん ②か ③しゅう ④げんしょく

3 ①春休・夏休 ②秋風 ③冬 ④色

アドバイス **2** ④「原色」の、赤・青・黄色の三色は全ての色の元になっており、これらの色を混ぜ合わせることでさまざまな色ができます。
3 ③「冬」の下の部分の点の向きに注意しましょう。

16 光・明・強・弱 43〜44ページ

2 ①にっこう ②みょう ③きょう ④じゃく

3 ①光 ②明 ③強 ④弱火

アドバイス **3** ①「光」の上の部分は一画目をまっすぐ立てて書くことと、書き順に注意しましょう。④「弱」の二つの「冫」は、点の向きを正しく書くようにしましょう。

17 今・朝・昼・夜・毎 45〜46ページ

2 ①こんげつ ②そうちょう ③ちゅうや ④まい

3 ①今・朝 ②朝日 ③昼・夜 ④毎日

アドバイス **2** ③「昼夜」は、文脈によっては「ひるよる」と訓読みする場合もありますが、原則として音読みで読むことに注意しましょう。

3 ①・②「朝」の左側を「車」としないようにしましょう。③「夜」は七画目を忘れないように注意。④「毎」の「毋」の部分を「母」としないようにしましょう。

18 時・間・分・半・曜 47〜48ページ

2 ①はちじはん ②にんげん ③ごふんかん ④かようび

3 ①時 ②広間 ③分 ④半

アドバイス 「時」「間」「分」「半」は、時間を表す漢字としてまとめて覚えましょう。

2 ③「分」の音読みは、「ブン・フン・ブ」です。言葉や文の中で読み分けられるようにしましょう。

19 午・前・後・週 49〜50ページ

2 ①しょうご ②ぜんじつ ③ご ④せんしゅう

3 ①午前 ②前 ③後 ④一週間

アドバイス **3** ①「午」は「牛」と形が似ているので、正しく書き分けましょう。

20 外・内・広・遠・近 51〜52ページ

2 ①ないがい ②こう ③えんそく ④きん

3 ①町外・広 ②内 ③遠出 ④近

アドバイス **2** ①「内外」は音読みで読む熟語で、国についていう場合には国内と国外を意味します。「うちそと」と訓読みで読まないように注意しましょう。

3 ②「内」は「肉」と形が似ているので、正しく書き分けましょう。

21 長・高・古・新・絵 53〜54ページ

2 ①ちょう ②こうこうせい ③こ ④しん

3 ①長 ②高台 ③古 ④新・絵

アドバイス 3 ③「古い」と④「新しい」は反対の意味の言葉なので、まとめて覚えましょう。④「新」は、同じ部分をもつ「親」と混同しないようにしましょう。

22 かん字の ふくしゅう③ 55〜56ページ

1 ①こんや ②いっしゅうかん ③きょうじゃく ④うちき ⑤しちじはん ⑥ごご

2 ①すいぶん・わ ②しちょう・ながい

3 ①絵・色 ②昼・明・光 ③遠・外出 ④春夏秋冬

4 ①高い ②新しい ③弱まる

アドバイス 2 ①「分」には、この他にも「フン・ブ」という音読みと、「わ（かれる）」「わ（かる）」「わ（かつ）」という訓読みがあります。

3 ④四季を表す「春夏秋冬」という音読みの熟語で、季節の漢字を覚えましょう。

23 国・語・算・数 57〜58ページ

2 ①こくご ②ごがく ③ざん ④すうじ

3 ①雪国 ②語 ③算数 ④数

アドバイス 「国語」「算数」という教科の漢字をまとめて覚えましょう。

2 ③「ざん」と濁って読みます。

3 ①「国」の囲みの中の「玉」は、「王」としないように注意。

24 計・形・活・歌・声 59〜60ページ

2 ①けいさん ②えんけい ③おんせい ④かしゅ

3 ①計 ②形 ③生活科 ④歌声

アドバイス 2 ①「計算」は「けえさん」と書かないように注意しましょう。

3 ②「形」の右側の「彡」の向きを反対に書かないようにしましょう。

25 図・画・工・作・体 61〜62ページ

2 ①ずがこうさく ②けいかく ③さくぶん ④たい

3 ①図書室 ②画 ③竹細工・作 ④体

アドバイス 2 ②「計画」は「けえかく」、④「体育」は「たいく」と書かないように注意しましょう。

26 理・科・社・会 63〜64ページ

2 ①りか ②かもく ③しゃかいか ④かい

3 ①理 ②教科書 ③社 ④会

アドバイス **2** ①「理科」と③「社会科」は、小学三年生から始まる教科の名前です。

3 ①「理」は同じ部分をもつ「里」と同じく、「リ」と音読みします。正しく使い分けましょう。

27 丸・角・点・線・直 65〜66ページ

2 ①いちがん ②しかく ③てんせん ④なお

3 ①丸 ②角 ③点字 ④直線

アドバイス **2** ①「一丸」は、「クラスで一丸となって劇の練習をする。」のように使います。

3 ②「角」の下の部分を「用」と書かないように注意しましょう。

28 考・知・答・教・楽 67〜68ページ

2 ①ち ②とう ③きょうとう ④おんがく

3 ①考 ②知・楽 ③答 ④教

アドバイス **3** ④「教」は「数」と形が似ているので、正しく書き分けましょう。「教わる」は人から習うときに、「教える」は人に覚えさせるときや知らせるときに使います。

29 心・思・友・紙・記 69〜70ページ

2 ①ほんしん ②ゆうじん ③はくし ④き

3 ①心 ②思・日記 ③友 ④手紙

アドバイス **3** ③「友」の一画目は横棒です。④「紙」の「糸」は六画、「氏」は四画で書きます。

30 かん字の ふくしゅう④ 71〜72ページ

1 ①まる ②きにゅう ③てんか ④かいしゃ ⑤しょうじき ⑥さんかく（かっ）けい

2 ①たい・からだ ②せい・うたごえ

3 ①思・紙 ②知・答 ③数日・国外 ④科目・図工

4 ①楽しい ②考える ③直ちに

アドバイス **2** ②「歌声」は、「うたごえ」と濁って読むことに注意しましょう。

4 送り仮名を、①「楽しい」は「楽のしい」、②「考える」は「考がえる」などと間違えないように注意。

31 行・来・聞・話 73〜74ページ

2 ①こう ②らいてん ③しんぶん ④かいわ

3 ①行 ②来 ③聞 ④話

アドバイス **3** ①「行く」と②「来る」は、反対の意味の言葉です。まとめて覚えましょう。③「聞」は「耳」を「耳」としないように注意しましょう。また、③「聞く」と④「話す」は組みにして覚えましょう。

32 食・通・帰・読・書 75〜76ページ

2 ①ちょうしょく ②つうがく ③おんどく ④としょ

3 ①食 ②通 ③通・帰 ④読・書

アドバイス **3** ①「食」の三画目は点ではなく、縦に短く書くことに注意しましょう。④「読む」と「書く」は組みにして覚えましょう。

33 用・同・何・売・買 77〜78ページ

2 ①よう ②どうじ ③なんにち ④ばいばい

3 ①用 ②同 ③何 ④売・買

アドバイス **2** ④「売買」の「売」も「買」も、「バイ」という同じ音読みで読みますが、意味は反対であることに注意しましょう。

3 ④「売る」と「買う」は、反対の意味の言葉です。まとめて覚えましょう。

34 太・細・走・歩・合 79〜80ページ

2 ①たい ②さい ③そう ④ぽ

3 ①太・細 ②走 ③歩 ④合・合

アドバイス **3** ①「太い」と「細い」は、反対の意味の言葉です。まとめて覚えましょう。また「太」の四画目の点を忘れると、「大」という別の字になるので注意。②「走」は、書き順やはらいに注意して、丁寧に書きましょう。「走る」と③「歩く」は組みにして覚えましょう。

35 多・少・万・元・才 81～82ページ

2 ①たしょう ②まんねん ③げんき ④さい

3 ①多 ②少 ③元 ④一万・天才

アドバイス 2 ①「多」と「少」は反対の意味の言葉です。

3 ②「少」の四画目を忘れると「小」という別の字になるので、注意しましょう。④「万」の書き順は「一ｱ万」です。二画目より三画目を先に書かないようにしましょう。

36 言・止・当・組・回 83～84ページ

2 ①げん ②ちゅうし ③とうばん ④とおまわ

3 ①止 ②手当 ③組 ④何回・言・言

アドバイス 2 ③「当番」は「とおばん」、④「遠回（り）」は「とうまわ（り）」と書かないように注意。

3 ①「止」の一画目は縦棒です。②「当」の一画目はまっすぐ立てて書きます。④「言」の「口」の上の横棒の数は三本であることに注意。

37 刀・弓・矢・切・引 85～86ページ

2 ①ぼくとう ②ゆみや ③たいせつ ④いんりょく

3 ①弓 ②矢 ③引 ④切・小刀

アドバイス 2 ①「木刀」は「ぼくとお」と書かないように注意。

3 ①「弓」は「ｺ ｺ 弓」と三画で書きます。②「矢」の四画目は、二画目の横棒から突き出ないようにしましょう。④「刀」は二画目を上に突き出すと「力」という別の字になるので、注意しましょう。

38 かん字の ふくしゅう⑤ 87～88ページ

1 ①ばいてん ②ごうけい ③ゆみや ④たすう ⑤こまぎ ⑥どくしょ

2 ①がん・もと ②なに・なんかい

3 ①食・来 ②同・組・話 ③買・行 ④少・走

4 ①当たる ②帰る ③合わせる

アドバイス 1 ②「合計」は、「ごおけい」と書かないように注意しましょう。⑤「細切れ」は、「こまぎ（れ）」と濁って読みます。

3 ③「買」の「罒」の部分を「四」と書かないように注意しましょう。

4 送り仮名を、①「当たる」は「当る」、②「帰る」は「帰える」、③「合わせる」は「合せる」などと間違えないようにしましょう。

15日発売
小学生のための キャラクター＆ファッション雑誌
キラ★ピチ
「かわいいキャラクターが大好き」「べんりな文房具や雑貨がほしい」
「オシャレなファッションが気になる」「おもしろいマンガが読みたい」
そんな、今どきの小学生の願いを叶える雑誌が「キラピチ」だよ★
今どきのファッションがわかる！
ふろくはとってもごうか★
かわいいキャラクターがいっぱい！
大人気れんさいマンガも！
鷲見奏怜（カレン）
春木美彩（みあ）
高橋 舞（まいまい）
小西希帆（きほ）
宮島さゆき（さゆき）
ぜひ読んでみてね♡
キラピチをもっと知りたいコは
うらめんをチェック★

キラピチの中身を
誌面といっしょに紹介するよ！
大人気キャラクターの最新情報がゲットできる★
グッズの紹介やニュースがもりだくさん♡
紫原夕莉乃（ゆりの）
リラックマ、マイペースにごゆるりと
リラックマとのんびり過ごそう♪
今どきのファッション&ヘアアレンジがわかる♡
今日なに着てく？
寒さ別アウターLesson
キラピチでオシャレになっちゃおう★
若松美咲（ミサ）
ちょーごうかなふろくやかわいいシールがついてくる！
キラキラ★マルチポーチで「推し活」にちょーせんしよ♥
奇数月（1・3・5・7・9・11月）15日発売
キラピチ最新号は、全国の書店やネット書店で発売中♪
気になったコはぜひキラピチを手に入れてね★
大西佑奈（ユナ）
キラピチ公式ホームページ
https://kirapichi.net/
YouTube
@user-ty5ei5bo3p
Instagram
kirapichi

日々更新中★公式ホームページやSNSも要チェックだよ！